CARLINE QUINE

L'ÉDITION ORIGINALE DE CE ROMAN A PARU
EN LANGUE ANGLAISE CHEZ GROSSET & DUNLAP,
NEW YORK, SOUS LE TITRE :
THE MYSTERY
OF THE BRASSS BOUND TRUNK

HACHETTE, 79, BOULEVARD SAINT-GERMAIN, PARIS VIe

CHAPITRE PREMIER

DEUX CADEAUX

Alice posa sa raquette de tennis dans un coin du vestibule et se tourna vers Sarah, la fidèle gouvernante de la famille, qui arrivait pour l'accueillir.

« Rien de neuf en mon absence? demanda-t-elle en souriant.

— Si. Quelqu'un a téléphoné. Une femme. Plutôt désagréable, à ce qu'il m'a semblé.

— Qui est-ce?

— Elle a refusé de dire son nom. Elle veut te parler personnellement. Elle avait l'air très irritée.

— A ma connaissance, murmura Alice rêveuse,

je n'ai offensé personne. Attendons. Nous verrons bien.

— Oui. Parlons plutôt de ton voyage en Amérique du Sud. Je suis ennuyée, Alice. Tu ne seras jamais prête à temps; tu ne t'es pas encore inquiétée des affaires que tu dois emporter! »

Alice se mit à rire.

« Ne te tracasse pas, Sarah. J'ai encore plusieurs jours devant moi. L'important, c'est de préparer les bagages de papa puisqu'il part aussi. Quelle chance que sa profession l'appelle dans l'Ouest! C'est que mon cher avocat de père se double aussi parfois d'un subtil détective.

— Et sa fille tient de lui!... Mais revenons à nos moutons, Alice. Tu n'as pas de malle pour mettre tes affaires. Il t'en faudrait une solide pour voyager.

— C'est vrai, admit Alice. J'ai vraiment besoin d'une nouvelle malle.

— Tu auras aussi quantité d'autres achats à effectuer, insista Sarah. Songe que tes compagnes de croisière appartiennent toutes à ce cours si chic que dirige Mme Perez : l'école Franklin!

— J'ai fréquenté, moi aussi, l'école Franklin, rappela Alice en riant. En tant qu'ancienne élève, je ferai bonne figure aux côtés des autres, sois tranquille. Et mes amies Bess et Marion aussi! »

Alice était en vérité une très jolie jeune fille. Enfant unique de James Roy, elle habitait River City. Elle avait perdu sa mère alors qu'elle était très jeune, et c'était la brave Sarah qui l'avait élevée. Alice était mince et blonde, avec des yeux bleus pétillants d'intelligence et une physionomie ouverte. Sans être très coquette, elle se réjouissait à la pensée d'étrenner de nouvelles toilettes au cours de cette croisière en Amérique du Sud.

Si M. Roy n'avait pas été obligé de se déplacer pour une si longue période, Alice serait restée à River City. Mais l'avocat répugnait à l'idée de la laisser seule si longtemps, un voyage en compagnie de jeunes filles de son âge avait plus de chance de la distraire. Aussi avait-il organisé toute l'affaire : Alice irait séjourner quelque temps en Amérique du Sud avec un groupe d'élèves de l'école Franklin. Bess Taylor et Marion Webb, ses deux meilleures amies, l'accompagneraient également. Bess et Marion étaient cousines. Le trio était inséparable et l'idée de cette croisière les réjouissait.

« Je ne suis pas sans travail en ce moment, soupira la gouvernante. Il faut que je vérifie les vêtements que ton père doit emporter et les tiens. Ensuite, je profiterai de votre absence à tous deux pour nettoyer la maison de fond en comble.

— Je t'aiderai avant mon départ, Sarah! promit Alice. Et pour commencer, je te donnerai un coup de main dès que je serai changée... »

Elle courut à la salle de bain, prit une douche, passa une robe et elle était occupée à se coiffer quand elle entendit sonner à la porte d'entrée...

Sarah alla ouvrir. Durant quelques secondes, elle resta pétrifiée, regardant d'un œil rond un paquet déposé sur le seuil. Puis elle laissa échapper une exclamation.

« Grand Dieu! Qu'est-ce que c'est que ça? »

Intriguée, Alice descendit en courant. Elle trouva la gouvernante occupée à détacher le couvercle d'un panier.

« J'ai trouvé cela sur le perron, expliqua Sarah. J'entends remuer à l'intérieur. Pourvu que ce ne soit pas un bébé abandonné! »

Ses mains tremblaient tellement qu'Alice défit à sa place la dernière attache. Alors toutes deux éclatèrent de rire. Au fond du panier était blotti un énorme chat angora. Son cou s'ornait d'un gros ruban de soie bleue.

« Par exemple! s'écria Sarah. Un chat! »

Alice prit doucement l'animal entre ses mains.

« Comme il est beau! Comme il a l'air gentil! Je me demande qui l'a déposé à notre porte. »

Sarah courut inspecter la rue et aperçut une voiture noire qui disparaissait au coin.

« Ce sont sans doute les occupants de cette auto qui nous offrent ce singulier cadeau, Alice. Qu'allons-nous en faire?

— Tu ne parais guère enthousiaste, Sarah.

Regarde pourtant comme il est mignon! Il ronronne. Tiens! Un billet est attaché au ruban. »

Elle dénoua la ficelle dorée et lut tout haut le message :

« *Pour Alice Roy, en témoignage de reconnaissance.* »

« C'est signé? s'enquit la gouvernante.

— Pas exactement. On a juste ajouté « *Une amie* ».

— Voilà pourquoi cette voiture s'est éloignée si vite. La personne en question tient à garder l'anonymat.

— Je ne vois pas qui peut m'offrir ce chat, Sarah.

— Certainement quelqu'un que tu as aidé. Tu es venue en aide à tant de personnes... Mais tu n'as pas encore répondu à ma question, Alice. Que vas-tu faire de ce chat?...

— Le garder, évidemment. On voit tout de suite qu'il s'agit d'un animal de valeur... de grande valeur, même. Puisqu'il est d'un blanc neigeux sans tache, je l'appellerai Blanche-Neige!

— Alice... j'espère que tu n'as pas oublié que tu dois t'embarquer dans quelques jours pour l'Amérique du Sud?

— Non, mais j'espère, moi, que tu pourras prendre soin de cette chatte en mon absence.

— N'y compte pas! répliqua vivement la gouvernante. Je n'aime pas beaucoup les chats... et je dois aller passer une quinzaine chez ma sœur. Je ne peux pas l'encombrer d'un animal, si mignon soit-il.

— Dans ce cas, Blanche-Neige m'accompagnera.

— Jusqu'à Buenos Aires?

— Pourquoi pas?

— Je te promets bien du plaisir! T'encombrer ainsi d'un chat. Enfin, si ça te chante... »

Alice n'eut pas le temps de répondre. Une camionnette de livraison venait de s'arrêter devant la grille du jardin.

« Tu as commandé quelque chose, Sarah?

— Ma foi, non. Ce doit être une erreur. »

Cependant, deux hommes déchargeaient une grosse malle, du type « malle de cabine », cloutée et cerclée de cuivre. Ils remontèrent l'allée avec leur fardeau et s'arrêtèrent sur le perron.

« Nous la laissons ici ou nous la rentrons? demandèrent-ils.

— Etes-vous certains de livrer à la bonne adresse? dit Alice.

— Dame! Nous sommes bien chez M. Roy, n'est-ce pas?... Alors, il n'y a pas d'erreur. Du reste, cette malle porte des initiales et ne peut être rendue. »

Très étonnée, Alice aperçut un A. et un R. de cuivre qui ornaient le couvercle de l'élégant bagage.

« Regarde, Sarah. Cette malle a l'air de m'être destinée. Crois-tu que ce soit papa qui... »

Elle s'interrompit en voyant arriver une voiture. C'était justement James Roy. Il se dirigea en souriant vers le petit groupe.

« Je vois que la malle est arrivée, dit-il. Est-elle à ton goût, Alice?

— Je la trouve magnifique, papa! Merci pour le cadeau!

— Sarah m'avait averti que tu avais besoin d'une malle de cabine. J'y ai fait mettre tes initiales. Ainsi, tu pourras plus facilement la repérer sur le bateau. »

Les livreurs empochèrent le pourboire que leur tendait l'avocat, et s'éloignèrent.

« Oh! murmura Sarah en souriant à M. Roy. Je parie que notre Alice utilisera sa malle pour la ramener pleine de mystères à débrouiller!

— Des mystères! s'écria l'avoué en prenant un air faussement épouvanté. Ne prononcez jamais ce mot devant ma fille, Sarah! Vous allez lui donner des idées! J'espère au contraire, moi, qu'elle fera une croisière sans histoire, en marge de toute aventure policière.

— Oh! papa! s'exclama Alice. Comment peux-tu m'imaginer prenant des vacances sans la perspective d'un mystère à résoudre?

— Tiens! A propos de mystère, tu me rappelles quelque chose... Peut-être pourras-tu faire un petit travail pour moi pendant ta croisière, Alice.

— Chic! De quoi s'agit-il? »

M. Roy jeta un coup d'œil à sa montre.

« Je n'ai pas le temps de te l'expliquer maintenant, ma chérie. Je suis juste passé pour voir si la malle était bien arrivée. Mais rejoins-moi un peu plus tard à mon bureau et je te donnerai des détails. A présent, je file. J'ai un rendez-vous urgent! »

Quand l'avocat fut parti, Alice et Sarah rentrèrent la belle malle neuve. Puis elles offrirent une soucoupe de lait à la chatte qui se frottait à elles. Après quoi, Alice décida qu'il était temps de se rendre au cabinet de son père.

« Veille bien sur Blanche-Neige en mon absence, Sarah! » pria-t-elle.

Elle sortit du garage son petit cabriolet bleu et se dirigea vers le quartier des affaires de River City. En route, elle ne put s'empêcher de s'arrêter chez son amie Bess pour lui décrire les deux merveilleux cadeaux qu'elle venait de recevoir.

Puis elle repartit. A un carrefour, un feu rouge s'alluma soudain devant elle. Alice freina. A peine sa voiture s'était-elle immobilisée qu'elle fut rudement heurtée à l'arrière. Il y eut un choc sourd, puis un bruit métallique.

Alice fut projetée avec violence contre le volant...

CHAPITRE II

UNE HISTOIRE EMBROUILLÉE

Assommée durant quelques secondes, Alice se redressa et bondit hors du cabriolet. Elle eut vite compris la raison de l'accident. L'autre voiture roulant sans doute à une allure peu raisonnable, n'avait pu freiner à temps devant le feu rouge. Son conducteur avait bien tenté d'éviter Alice en braquant... mais trop tard, hélas! Il avait accroché le cabriolet.

« Regardez un peu ce que vous avez fait! » s'écria la jeune fille, furieuse.

Le conducteur de l'autre auto — un jeune homme d'environ vingt-deux ans, avec des cheveux roux et un soupçon de moustache — tira un mouchoir de sa poche et s'en essuya le front d'un geste nerveux. Sans bouger de son siège, il s'excusa d'une voix haut perchée :

« Je suis désolé... Je n'ai pas vu le feu... »

Alice, cependant, inspectait les dégâts.

« Vous rouliez trop vite, c'est l'évidence même.

— Sans doute... oui, admit le jeune homme. Mais vous seriez bien aimable de ne pas exiger de constat de police.

— En tout cas vous devrez me rembourser les réparations! Mon pare-chocs est à remplacer et la carrosserie a également souffert!

— Tenez! dit brusquement le fautif en fourrant un billet dans la main d'Alice qui s'était rapprochée de lui. Prenez ceci pour couvrir les frais. »

Et, sans laisser à Alice le temps de placer un mot, il dégagea sa voiture par une brusque marche arrière, braqua, et fila aussi vite qu'il le put.

« Par exemple! s'écria Alice outrée. Quel malotru! Je vais relever son numéro! »

Elle eut le temps de noter les chiffres au dos d'une enveloppe avant que la voiture grise n'eût disparu. Elle songea, seulement alors, à regarder le billet qu'elle tenait à la main. Très surprise, elle s'aperçut qu'il s'agissait d'un billet de cent dollars.

« Hum! Il s'est montré bien généreux, se dit-elle. Je ne crois pas que les réparations atteignent ce prix. »

Cependant, l'attitude du personnage intriguait la jeune détective. Pourquoi avait-il paru si désireux qu'il n'y eût pas de constat?

Alice possédait un esprit curieux, et cette caractéristique de sa nature l'avait entraînée plus d'une fois dans de palpitantes aventures.

Quelques années auparavant, elle avait aidé son père à résoudre une énigme policière et, depuis ce temps-là, ses amis l'appelaient volontiers « Miss Détective ». Par la suite elle avait débrouillé pas mal d'autres histoires avec une grande habileté. Il n'était pas rare que des gens très sérieux vinssent à elle pour lui demander son concours.

Tout récemment encore, ses exploits avaient été relatés par les journaux; dans cette dernière affaire, Alice et ses amies Bess et Marion avaient secouru plusieurs personnes, et fait mettre des coupables sous les verrous. Au cours de leur enquête, elles avaient utilisé une danse de claquettes, mise au point pour pouvoir transmettre des messages en code. Cette astuce avait tiré la jeune détective d'embarras au cours de circonstances périlleuses. Les journalistes avaient exalté sa présence d'esprit et son courage.

Toutefois, pour l'instant, Alice se souciait moins de mystères à élucider que des dommages subis par sa voiture. Le parc-chocs arrière, tordu, s'appuyait contre une roue : la jeune fille se demandait si elle allait seulement pouvoir rouler jusqu'au plus proche garage.

« Tiens! Alice! Bonjour! Que se passe-t-il? » demanda soudain une voix à côté d'elle.

Levant les yeux, Alice aperçut son meilleur ami, Ned Nickerson. Elle soupira :

« Regarde ce qui vient de m'arriver. Un imbécile m'a emboutie.

— Eh bien, dis donc! Il n'y est pas allé de main morte. S'il a filé, tu n'as aucune chance de l'obliger à payer... à moins que tu n'aies relevé son numéro.

— J'ai son numéro, mais j'ai mieux encore. Tiens, regarde le gros billet qu'il m'a donné.

— Il est peut-être faux!

— Dans ce cas, je retrouverai la trace de mon bonhomme. Mais, je ne crois pas que ce billet soit faux. Et les réparations n'atteindront certainement pas ce prix-là.

— En attendant, proposa Ned, je vais essayer de redresser ta ferraille de manière à ce que tu puisses au moins rouler... »

Quand il eut redonné une forme plus normale au pare-chocs, le jeune homme déclara :

« Je connais un garage où les prix sont raisonnables. Juste au bas de la rue...

— Tu m'accompagnes? demanda Alice. Tu t'y connais mieux que moi et tu pourras discuter à ma place.

— Je pourrai t'être utile, en effet », reconnut le garçon secrètement flatté.

Il monta à côté d'Alice... Arrivés au garage, il se chargea de discuter le prix des réparations. Le garagiste finit par tomber d'accord avec lui pour cinquante dollars.

« Voilà qui te laisse un bénéfice net de cinquante dollars! dit Ned à sa camarade. Cela compensera un peu l'ennui que te cause l'immobilisation de ta voiture.

— Oh! Mais je ne compte pas garder cet argent! protesta Alice. Je le rendrai à son propriétaire. Il me sera facile de le retrouver puisque j'ai relevé son numéro. Malheureusement, je m'embarque bientôt, et il ne me reste pas beaucoup de temps... Quand pourrai-je reprendre ma voiture? ajouta-t-elle à l'adresse du garagiste.

— Pas avant demain soir.

— Flûte! J'en aurais eu besoin pour mes courses.

— Si tu veux, proposa Ned, je mets mon vieux tacot à ta disposition.

— Ce n'est pas de refus, merci, Ned.

— Veux-tu que j'aille le chercher tout de suite?

— Non! J'allais au bureau de papa, et c'est à cent mètres d'ici. Tu as été bien gentil de me dépanner. »

Les jeunes gens se séparèrent, et Alice se hâta en direction du cabinet de son père.

M. Roy était occupé avec un client et il dut faire patienter sa fille. Enfin il l'appela :

« Bon! Je vais tâcher de te mettre brièvement au courant de ce que j'attends de toi... Cela concerne un de mes vieux clients : un nommé Trenton. Il a une fille, Doris...

— Est-elle de mon âge?

— Non. Elle doit être plus âgée que toi... Je suppose qu'elle a entre vingt et vingt-deux ans. M. Trenton m'a déclaré que, tout dernièrement encore, sa fille était très affectueuse et suivait volontiers les conseils de ses parents.

— Dernièrement? releva Alice.

— Oui, car maintenant, elle a changé d'attitude. Sa famille se plaint de ses manières insolentes. On ne peut plus rien faire d'elle et M. Trenton commence à perdre patience.

— De quelle façon s'est-elle libérée de la tutelle des siens? demanda Alice. Après tout, si elle a vingt-deux ans...

— Elle refuse d'épouser un jeune homme avec qui elle était pratiquement fiancée : un certain Henry Willard. Ce garçon est le fils du défunt associé de M. Trenton. Selon ce dernier, un mariage entre les deux jeunes gens serait excellent à tous points de vue.

— Mais ce n'est pas l'avis de Doris? avança Alice.

— Eh bien..., je crois en effet que Trenton, dans cette affaire, a surtout son propre intérêt en vue. C'est un homme qui passe pour riche. Mais je sais qu'il a perdu beaucoup d'argent l'année dernière. En épousant Henry Willard, Doris le renflouerait certainement.

— Si Doris n'aime pas ce Willard, ses parents auraient tort d'insister, coupa Alice, catégorique et je ne comprends pas pourquoi... »

Son père sourit.

« Intérêt mis à part, il semblerait justement qu'Henry Willard convienne à Doris. Trenton est un vieux client à moi. Voilà pourquoi je veux essayer de l'aider.

— Je ne vois pas ce que je viens faire dans l'histoire, murmura Alice, perplexe.

— Je vais te l'expliquer. Trenton en est arrivé au point qu'il menace de déshériter sa fille si elle ne se soumet pas à sa volonté. Or, il se trouve qu'elle va partir en croisière pour... »

Il était dit qu'Alice n'en saurait pas plus long ce jour-là. Sa secrétaire entra en effet dans le bureau pour annoncer l'arrivée de clients importants que M. Roy attendait.

« Nous continuerons cette conversation plus tard, Alice, murmura l'homme de loi en congédiant sa fille. Préviens Sarah que je rentrerai sans doute tard. »

Alice retourna chez elle sans se presser. Elle réfléchissait à ce que son père lui avait appris. Elle songeait aussi qu'elle n'avait pas eu le temps de lui parler de son accrochage de voiture. Mais cela pouvait attendre.

En arrivant en vue de la maison paternelle, Alice aperçut, arrêtée devant la porte une voiture de maître, avec chauffeur au volant. Elle se demanda qui pouvait être venu en pareil équipage. Passant par la porte de service, elle se heurta presque à Sarah qui sortait du salon.

« Alice! dit précipitamment la gouvernante. Cette femme est là. qui t'attend.

— Quelle femme?

— Celle dont je t'ai parlé..., celle qui a téléphoné au début de l'après-midi. Elle est arrivée depuis déjà un petit moment et m'a déclaré qu'elle ne bougerait pas avant de t'avoir vue. »

Alice posa son sac sans hâte.

« Je vais aller la rejoindre.

— A ta place, je n'en ferais rien, mon chou. Il est facile de voir que cette personne est en colère contre toi. Va donc faire un petit tour et reviens quand elle sera partie. »

CHAPITRE III

UNE VISITE DÉPLAISANTE

LE CONSEIL de Sarah amusa Alice.

« Je n'ai pas l'habitude de fuir devant l'ennemi, déclara-t-elle en souriant. D'autant plus qu'aucun lourd péché ne pèse sur ma conscience, je t'assure...

— N'empêche que cette femme ne me plaît pas avec ses grands airs.

— T'a-t-elle dit son nom, cette fois?

— Oui. Mme Thomas Joslin.

— Cela ne me dit rien. Enfin, je vais la voir. Peut-être s'agit-il d'une méprise. »

La visiteuse était une femme d'âge moyen,

extrêmement élégante. Elle dévisagea Alice avec une expression de mépris dans ses yeux sombres.

« Ainsi, vous êtes Alice Roy?

— Oui. Il paraît que vous désirez me parler.

— Certes. J'ai même beaucoup à dire. Je vous préviens que je ne mâcherai pas mes mots... Je suis ici parce que j'ai appris que vous comptiez accompagner en croisière un groupe de jeunes filles de l'école Franklin.

— C'est exact.

— Eh bien, vous allez devoir changer vos plans! »

Alice, stupéfaite, se demandait si elle avait bien entendu. Elle fit effort pour répondre avec calme :

« Et pourquoi, d'après vous, devrais-je modifier mes projets?

— Parce que je ne veux pas que ma fille voyage en compagnie d'une personne qui a pour habitude de fourrer son nez dans les affaires d'autrui! s'écria la visiteuse avec véhémence. Je ne comprends même pas que Mme Perez, la directrice de l'école, vous ait permis de vous joindre à ses élèves... une détective!

— Si ce sont mes dispositions à débrouiller les affaires policières qui vous choquent, répliqua Alice en luttant pour se contenir, je vous rassure tout de suite : je ne suis pas détective de profession.

— N'empêche que ma fille, Arabella, n'a pas l'habitude d'être mêlée à des personnes de votre espèce..., du genre espion.

— Je crois madame, que vous vous faites des idées fausses à mon sujet. Vous ne me connaissez pas. Qu'avez-vous au juste à me reprocher?

— Ma foi... j'avoue que vous semblez être une gentille fille et que vous vous exprimez bien, admit Mme Joslin. Cependant, il ne faut jamais se fier aux apparences.

— Là-dessus, je suis de votre avis! »

Alice commençait à se demander si sa visiteuse avait bien toute sa raison. Son discours était insensé. Et pourtant, cette Mme Joslin n'avait pas l'air vraiment folle...

« Vos succès policiers vous ont tourné la tête, continua la visiteuse, et votre orgueil est devenu incroyable. Je persiste à croire que vous n'êtes pas une fréquentation pour ma fille.

— Et moi, je ne comprends pas, absolument pas votre attitude hostile. Mme Perez m'a invitée à...

— Elle a eu tort! coupa Mme Joslin. Enfin, puisque vous semblez vouloir discuter raisonnablement, tout peut encore s'arranger. Prévenez Mme Perez que vous n'êtes plus du voyage.

— Je suis tellement raisonnable en effet, répondit Alice qui avait de plus en plus de mal à se contenir, que je juge ma modeste personne très fréquentable. Et je n'ai nullement l'intention de me priver de cette croisière. »

Mme Joslin parut ennuyée. Elle avait espéré impressionner Alice et constatait avec dépit que la jeune fille gardait la tête froide. Sa voix s'adoucit un peu :

« Je ne vous demande pas de renoncer à votre voyage, dit-elle. Mais vous pourriez prendre un autre bateau.

— Pourquoi moi et pas votre fille?

— Je préfère qu'Arabella voyage avec ses compagnes de classe.

— Et moi aussi, je préfère voyager avec elles.

— Ainsi, vous repoussez ma suggestion? Vous n'êtes qu'une petite impertinente, une mal élevée! s'écria Mme Joslin en perdant toute retenue. Je ne discuterai pas plus longtemps avec vous! Je vais de ce pas trouver Mme Perez. Je m'arrangerai avec elle. »

Elle se pencha pour prendre son sac et ses gants qu'elle avait posés sur le divan, bousculant au passage l'angora blanc qui dormait sur les coussins. Réveillée en sursaut, la chatte réagit en lançant en avant une patte vengeresse.

Les griffes effleurèrent la main de la visiteuse qui se redressa en hurlant :

« Sale bête! Elle m'a griffée! »

Alice se hâta de prendre dans ses bras Blanche-Neige qui se calma tout de suite. Mais c'est en vain qu'elle essaya de l'excuser. Mme Joslin ne

voulut rien entendre. Elle partit en claquant la porte et jeta un ordre au chauffeur. Alice vit la grosse voiture s'éloigner.

« Oh! là! là! soupira-t-elle, très contrariée. Je parie que cette femme n'a pas fini de me causer des ennuis. »

Sarah, qui avait entendu l'essentiel de la conversation, tenta de réconforter Alice.

« Si elle n'avait pas bousculé Blanche-Neige. elle n'aurait pas été griffée! Quand je pense qu'elle t'a traitée de mal élevée! Ma foi, tu pourrais lui donner des leçons de politesse. De ma vie, je n'ai rencontré quelqu'un d'aussi grossier... A moins qu'elle ne soit folle!

— Elle semble avoir une haute idée de sa personne, remarqua Alice. Je me demande si elle est en mesure d'influencer Mme Perez... »

Un peu plus tard dans l'après-midi. Marion et Bess firent une visite à leur amie. Alice leur parla de Mme Joslin.

« Elle me considère comme une sorte de paria, uniquement parce qu'il m'arrive de faire du travail de détective!

— Dis plutôt, s'écria Marion, que cette femme est jalouse de ta renommée! Tu es tellement connue depuis que tu as débrouillé toutes ces mystérieuses affaires!

— Mme Joslin a peur que tu éclipses sa précieuse fille au cours de la croisière, voilà tout! ajouta Bess avec flamme. En somme, qui est cette Arabella? Une petite très insignifiante, sans doute! Je parie qu'elle ne doit pas avoir beaucoup de copines à l'école Franklin! »

Alice se mit à rire.

« Sa mère ne l'aide guère à s'en faire, j'imagine. Elle a une langue tellement acérée!... C'est égal! Je crains que cette femme ne me cause des ennuis.

— Ne te tracasse pas, dit Bess, réconfortante. Ta cabine est retenue sur le bateau. Tu participeras à la croisière. »

Là-dessus, les deux cousines changèrent délibérément de sujet de conversation. Alice se détendit un peu et rapporta à ses amies ce que son père lui avait confié au sujet des Trenton.

« Je me demande encore ce que papa attend au juste de moi dans cette histoire, dit-elle en conclusion. Je pense qu'il désire que je fasse la connaissance de Doris et que je tente de la persuader d'épouser Henry Willard. Mais pourquoi, si elle ne veut pas?

— Connais-tu déjà la famille Trenton? s'enquit Marion.

— Je me rappelle avoir rencontré Mme Trenton l'année dernière. Nous avons échangé quelques mots. Elle m'a paru gentille... Au fait! J'ai une idée, mes petites. Si nous lui rendions visite?

— Mais sous quel prétexte? demanda Bess.

— Oh! Nous trouverons bien quelque chose... Je pourrai toujours dire que papa m'a parlé si souvent de Doris que j'ai eu envie de faire sa connaissance, avant de partir en croisière. »

Marion et Bess approuvèrent cette idée. Vingt minutes plus tard, la voiture de Bess se rangeait devant une imposante maison de pierre à trois étages.

Les trois amies contournèrent une pelouse soigneusement entretenue et sonnèrent à la porte. Un vieux domestique vint ouvrir.

« Nous désirerions parler à Mlle Doris Trenton, s'il vous plaît.

— Mlle Doris est absente pour l'après-midi.

— Dans ce cas, peut-être pourrions-nous voir Mme Trenton? »

L'homme parut hésiter, puis tourna un peu la tête comme pour regarder par-dessus son épaule. Alice crut entendre une femme pleurer dans une pièce voisine.

« Madame ne peut recevoir personne aujourd'hui, déclara le domestique. Elle est souffrante. Si vous voulez bien laisser votre carte...

— Je n'en ai pas sur moi, dit Alice. Nous reviendrons. »

Une fois dehors, elle demanda à ses compagnes si, elles aussi, avaient entendu un bruit de sanglots.

« Oui, certainement! assura Bess. Crois-tu que Mme Trenton soit malade?

— Je crois plutôt qu'elle est bouleversée à cause de Doris », répondit Alice en montant en voiture.

Comme il commençait à être tard, les jeunes filles songèrent à rentrer. Soudain, Alice tourna son regard vers une grosse voiture garée le long du trottoir.

« Tu as aperçu quelqu'un que tu connais? demanda aussitôt Marion avec curiosité.

— Sinon quelqu'un, du moins quelque chose. Voici l'auto de Mme Joslin. »

Bess s'arrêta à un feu rouge et tourna la tête à son tour. Entre-temps, sa voiture s'était rapprochée de celle de Mme Joslin..., et l'on pouvait voir celle-ci, assise sur la banquette arrière, dans l'attitude de quelqu'un qui attend. Elle tapotait son sac à main d'un doigt impatient et consultait à chaque instant sa montre de poignet.

Avant que le feu passât au vert, un homme mince sortit du magasin devant lequel attendait la mère d'Arabella : une bijouterie. Immédiatement, Mme Joslin ouvrit la porte de la voiture. L'homme s'engouffra à l'intérieur. Le moteur se mit à ronfler, et la voiture, longeant le trottoir, tourna vivement dans une rue latérale.

« Je ne pense pas que ce soit son mari, murmura Bess, perplexe. Il paraît infiniment plus jeune qu'elle.

— Cela ne veut rien dire... Mais sa tête ne me revient guère, déclara Marion. Celle de Mme Joslin non plus, d'ailleurs!

— Je crains de vous avoir prévenues contre Mme Joslin, soupira Alice tandis que Bess embrayait.

— Du tout! affirma Marion. Au contraire tu nous as dépeint cette femme sous des traits plus aimables que les siens!

— Ecoutez, dit Bess brusquement. En voyant ensemble ces deux personnes aussi peu sympatiques l'une que l'autre... je me demande...

— Quoi donc? demanda Marion.

— Eh bien..., s'il n'y a pas une raison secrète pour que Mme Joslin désire évincer Alice de la croisière. »

Alice sursauta :

« Voilà une idée qui ne m'était pas venue à l'esprit, avoua-t-elle. Voyons, explique-toi plus clairement, Bess!

— Je songe que, si Mme Joslin crie bien haut qu'elle méprise tes activités en tant que détective..., peut-être est-ce surtout parce qu'elle les redoute.

— Et ce serait pour ce motif qu'elle cherche à t'empêcher de prendre le bateau! ajouta Marion soudain convaincue. C'est cela! C'est cela! Elle a quelque chose à cacher et ne veut pas que tu viennes fourrer ton nez dans ses affaires! »

CHAPITRE IV

UNE SURPRISE

ALICE fut assez impressionnée par la suggestion de ses deux amies. Aussi, le soir même, à table, parla-t-elle de Mme Joslin à son père.

« Bah! Ne t'en inquiète donc pas! conseilla l'avocat avec un geste d'insouciance. Je te donne ma parole, moi, que tu embarqueras à bord du *Saint Patrick* comme prévu. Du reste, j'ai moi-même une raison spéciale pour que tu prennes ce bateau.

— L'affaire Trenton? insinua Alice avec intérêt.

— Mais oui! Mme Trenton et sa fille doivent voyager elles aussi sur le *Saint Patrick*. J'ai eu la faiblesse de révéler qu'elles t'auraient pour compagne de croisière... et que tu aurais peut-être une certaine influence sur Doris.

— Mes idées peuvent ne pas s'accorder avec celles de ses parents.

— M. Trenton craint que sa fille ne soit éprise d'un autre garçon qu'Henry Willard et ne l'épouse sur un coup de tête. Pour parer cette éventualité, il expédie Doris à Buenos Aires avec sa mère. Néanmoins, même ainsi, il continue à avoir peur que sa fille n'en fasse qu'à sa guise au bout du compte.

— Je ne vois guère en quoi je peux être utile, murmura Alice, sans enthousiasme.

— Fais la connaissance de Doris, deviens son amie et donne-lui un avis raisonnable. Au fond, Henry Willard semble devoir lui convenir. Si elle l'acceptait pour mari, tout le monde serait content.

— Je comprends, admit Alice un peu sèchement, mais mon rôle ne me plaît qu'à moitié. J'aurais préféré avoir à débrouiller un véritable mystère.

— Aucun mystère au cours de cette croisière! proclama M. Roy en riant. Pour une fois, tu profiteras de tes vacances sans te soucier d'enquêtes policières. »

Le téléphone sonna. Alice se leva pour répondre.

« Je voudrais parler à Miss Roy! déclara une voix masculine au bout du fil.

— C'est moi.

— Alors, écoutez bien! Ne vous embarquez pas à bord du *Saint Patrick* la semaine prochaine. Sinon, vous le regretterez. Compris? »

« Qui était-ce? » demanda l'avocat en se levant de table. →

Alice raccrocha sans mot dire.

« Qui était-ce? » demanda l'avocat en se levant de table.

Alice répéta la conversation sans s'émouvoir. Son père, en revanche, se montra furieux.

« Je saurai qui est cet homme! » jeta-t-il. Qu'est-ce que cela veut dire! C'est inadmissible! »

Mais ses efforts pour trouver trace de l'appel furent vains : l'inconnu avait téléphoné d'une cabine publique.

« Alice, demanda M. Roy en désespoir de cause, ne peux-tu deviner à qui appartenait cette voix?

— Non! Mais il pourrait s'agir du mari de Mme Joslin ou de l'homme avec qui je l'ai vue aujourd'hui. Qui d'autre aurait intérêt à me voir renoncer à cette croisière?

— Cette histoire ne me plaît guère, Alice. Je vais l'étudier d'un peu plus près avant de partir. »

Le lendemain, Alice vaqua à ses occupations comme si aucune menace ne lui avait été adressée. Elle fit des courses avec Bess et Marion, puis, rentrée chez elle, elle écrivit au service de l'immatriculation des véhicules automobiles pour demander à qui appartenait l'auto qui l'avait emboutie.

« J'espère, se dit-elle, que l'on me renseignera assez tôt pour que je puisse rembourser son argent à ce jeune homme roux avant mon départ! Sinon, il devra attendre mon retour de voyage. »

Ce même après-midi, Alice décida de faire une démarche dont elle ne parla à personne. Elle partait seule pour la fabrique de bagages de luxe « Trenton et Willard », que dirigeait le père de Doris. Arrivée à destination, elle se trouva devant un imposant bâtiment. Elle entra hardiment par l'entrée principale et, avisant un réceptionniste, demanda à parler à M. Trenton. Ce fut sa secrétaire qui se présenta :

« Avez-vous un rendez-vous? demanda-t-elle sèchement.

— Non, mais j'ai pensé...

— Impossible de voir M. Trenton sans prendre rendez-vous. Téléphonez demain matin.

— Mon père est un ami à lui. Si vous voulez bien lui dire que je suis là...

— Je regrette. M. Trenton ne reçoit personne en ce moment! »

Irritée de l'accueil reçu, Alice fit mine de s'éloigner. Puis elle songea qu'elle pouvait peut-être dénicher M. Trenton sans l'aide de personne. Apercevant un couloir non loin d'elle, elle s'y glissa, sans être vue de quiconque. Elle aboutit bientôt à une sorte d'immense réserve où s'entassaient jusqu'à la hauteur du plafond des malles et des valises. Avant qu'elle ait eu le temps d'inspecter les lieux, un chariot chargé de bagages arriva sur elle dans un grand bruit de roues métalliques. Alice fit un bond en arrière pour l'éviter.

« Alors, quoi! Pouvez pas faire attention? bougonna le garçon qui le poussait. Qu'est-ce que vous fabriquez ici?

— Rien de mal. Je cherche M. Trenton.

— Personne n'a le droit de se balader par ici s'il est étranger à la maison. Otez-vous de là! »

Haussant les épaules, Alice obtempéra.

« Il faut pourtant que je voie M. Trenton, se dit-elle tout bas. Comment aider papa si je ne sais même pas à quoi ressemble le père de Doris? »

Elle attendit dans un couloir adjacent que le

peu aimable employé eût vidé les lieux pour reprendre ses investigations. Traversant la réserve, la jeune détective aboutit à une autre pièce... A ce moment de l'autre côté de la cloison, elle entendit le bruit d'une discussion...

« Entendez-moi bien, Trenton! clamait une voix furieuse. Je n'ai pas l'intention de vous payer au prix fort une marchandise de qualité inférieure! »

Alice tendit l'oreille. Elle ne put saisir la réponse de M. Trenton mais perçut nettement son interlocuteur :

« Du temps de votre associé Willard, ce genre de choses ne se produisait jamais! Le client en avait pour son argent! A cette époque-là, l'estampille « Trenton et Willard » sur un bagage était synonyme de sérieux et de qualité! »

Un téléphone se mit à sonner dans un coin de la pièce où se trouvait Alice. Craignant que quelqu'un, en venant répondre, ne s'étonne de la trouver là, la jeune fille regagna le couloir.

« Dommage que je n'aie pu en entendre davantage! se dit-elle. En tout cas, une chose est claire : M. Trenton mène ses affaires de manière peu orthodoxe. Il vend à des prix élevés une marchandise de piètre qualité. Etrange... »

Sans plus chercher à rencontrer le père de Doris, Alice rentra chez elle. Et lorsque M. Roy revint à son tour, elle le mit au courant de ce qu'elle avait découvert. L'avocat eut bien du mal à croire que son client était coupable de malhonnêteté.

« Il faut croire qu'il a l'épée dans les reins, déclara-t-il après avoir réfléchi. Autrement, il n'agirait jamais ainsi. Je suis très surpris... Les renseignements que tu m'apportes jettent un jour nouveau sur cette histoire. Il faudrait en savoir plus avant de juger bien sûr, mais ceci est bien inquiétant.

— J'ai l'impression que ces sympathies vont bientôt changer de camp, prophétisa Alice en souriant. Peut-être Doris a-t-elle en fin de compte de bonnes raisons pour refuser d'épouser Henry Willard.

— Sait-on jamais? Je ne sais encore que penser... »

On sonna à la porte d'entrée. Alice jeta un coup d'œil par la fenêtre.

« C'est Ned! annonça-t-elle d'un air joyeux.

— Vous sortez ensemble?

— Oui, il m'emmène d'abord au restaurant,

puis nous irons voir un film. Nous avons projeté cette soirée voici déjà une semaine! »

Elle courut à la porte. Ned en entrant regarda les fines chaussures de ville de la jeune fille et fit la moue.

« Je te conseille de changer de chaussures, dit-il avec une rudesse toute masculine.

— Mais pourquoi, Ned? Si nous allons au restaurant...

— Il est possible que nous n'y allions pas, justement! répondit Ned en prenant des airs mystérieux. Va vite mettre des souliers à talons plats. Nous sommes déjà en retard.

— En retard pour quoi?

— Tu le verras quand nous y serons. Surprise! » déclara le garçon avec un large sourire.

Docile et intriguée Alice monta changer de chaussures. Puis les deux amis montèrent en voiture. Ned prit une route qui conduisait hors de la ville.

« De quoi s'agit-il? questionna Alice, au bout d'un moment. Est-ce un enlèvement?

— Presque, admit Ned en riant. Ah! Nous voici déjà arrivés! »

Il s'engagea brusquement dans un petit chemin et s'arrêta en bordure d'un pré. Entre les bosquets, Alice aperçut vingt à trente jeunes gens s'activant autour de feux en plein air.

« C'est un barbecue! expliqua Ned en sautant à terre. Une sorte de repas d'adieu pour vous souhaiter bon voyage, à Marion, à Bess et à toi!

— Oh! Ned! comme c'est gentil! »

Bess et Marion étaient déjà là. Pour elles aussi la surprise était totale. Au milieu d'un joyeux brouhaha, ils se mirent tous à cuire la viande et à préparer les boissons. Le repas fut abondant et animé.

« Quel merveilleux pique-nique! s'écria Alice quand elle fut rassasiée.

— Oui, mais ce serait mieux encore si un orage ne menaçait pas! fit remarquer Ned en levant le nez vers le ciel.

— Peut-être ferions-nous bien de rentrer dès maintenant? suggéra Bess, inquiète. Je viens de recevoir une goutte de pluie et je crains un déluge. Ah! Voici un éclair. Et vous entendez le tonnerre? »

Les autres furent d'accord pour partir sans attendre. On remplit à la hâte les paniers.

« Je crains que nous n'ayons que trop attendu déjà, déclara Alice en ramassant la vaisselle éparse. L'orage éclatera avant que nous ne soyons rentrés chez nous. »

Quelques voitures s'éloignèrent en hâte. Alice et Bess en étaient encore à ramasser les papiers gras quand un coup de vent courba les arbres avec violence au-dessus de leur tête.

« Viens vite! » cria Bess en se mettant à courir vers le chemin.

Elle n'avait pas fini de parler qu'un éclair aveuglant jaillit d'entre les nuages. En quelques instants un déluge s'abattit sur le coin de campagne que l'obscurité avait déjà envahi.

« Alice! cria Ned à pleins poumons en n'apercevant plus son amie.

— Alice! Dépêche-toi! jeta Bess de son côté. Laisse ces papiers et arrive!

— Me voilà! » répondit Alice.

Sa voix fut couverte par un roulement de tonnerre. Puis, presque aussitôt un nouvel éclair, plus terrifiant encore que le premier, illumina le décor. Tout près de l'endroit où se tenait Alice un grand arbre balaya l'air de ses branches puis soudain s'abattit dans un affreux craquement.

« Grand Dieu! hurla Ned épouvanté. Il a été frappé par la foudre.

— Alice! Alice! Tu n'as rien? » cria Bess dans le vent.

Aucune réponse ne lui parvint. D'autres voix s'unirent à la sienne pour appeler Alice. Comme celle-ci demeurait silencieuse, les jeunes gens, follement inquiets, s'approchèrent de l'endroit où elle avait disparu à leurs yeux...

CHAPITRE V

LES MANŒUVRES DE MADAME JOSLIN

CHERCHANT leur amie à tâtons dans l'obscurité, les pique-niqueurs finirent par la découvrir inanimée sur l'herbe. Bess se laissa choir à genoux près d'elle et s'écria d'une voix tremblante :

« Mon Dieu! Elle a été frappée par la foudre. »

Marion serra dans les siennes les mains d'Alice.

« Je t'en prie, parle-nous! » murmura-t-elle.

Alice remua légèrement la tête.

« Où... suis-je? Qu'est-il... arrivé? » demanda-t-elle dans un souffle.

En entendant sa voix, ses compagnes poussèrent un gros soupir de soulagement. Ned prit son amie dans ses bras et la porta dans la voiture.

« Arrêtons-nous en route chez un docteur! conseilla Marion. Vite, Ned! Roule le plus rapidement possible!

— Je vais bien, articula Alice en se redressant avec peine. J'ai éprouvé un choc quand l'arbre est tombé foudroyé, mais je ne suis pas blessée. Ramenez-moi plutôt à la maison. »

Ned, Bess et Marion insistèrent pour qu'elle vît un médecin, mais Alice n'en voulut pas démordre : elle désirait rentrer chez elle. Elle se sentait mieux d'instant en instant. N'empêche que ses amis s'accordèrent à penser qu'elle venait de l'échapper belle.

Ce fut aussi l'avis de M. Roy et de Sarah quand ils connurent l'histoire. Tous deux obligèrent Alice à se coucher sur-le-champ... Après une bonne nuit de sommeil, la jeune fille se réveilla en pleine forme à un léger mal de tête près.

Au cours de la matinée, Sarah annonça une visiteuse :

« C'est Mme Perez, Alice!

— Flûte! J'ai idée que des ennuis se préparent. Il doit y avoir du Mme Joslin là-dessous... »

Alice descendit pour accueillir la directrice de l'école Franklin. Mais Mme Perez, une femme généralement avenante, semblait fort mal à l'aise en serrant la main d'Alice.

« Ma chère enfant, ma visite peut vous surprendre, mais il faut que je vous parle de notre voyage à Buenos Aires. Je... heu... c'est un sujet assez délicat à aborder...

— Je suis peut-être en mesure de vous aider,

coupa Alice, qui avait presque pitié de la visiteuse. Mme Joslin est venue me voir hier.

— Dans ce cas, vous savez pourquoi je suis ici?

— Après toutes les fausses accusations que Mme Joslin m'a lancées à la tête, je m'en doute.

— Ma position est délicate, Alice. Arabella est notre élève. Je dois ménager la susceptibilité de ses parents, aussi déraisonnable que soit leur attitude.

— Je comprends que vous répugniez à mécontenter Mme Joslin. Sans doute désirez-vous que je renonce à voyager avec le groupe de vos pensionnaires?

— Vous saisissez la situation à merveille! s'écria Mme Perez, soulagée. Il est évident que, si vous consentiez à vous joindre à un autre groupe, les choses en seraient simplifiées. Par ailleurs, je me rends compte que ma requête est déplaisante à quelques jours seulement du départ du bateau.

— Je pensais bien en effet embarquer sur le *Saint Patrick*. Je mentirais en prétendant n'être pas fortement déçue.

— Ma pauvre petite, je suis navrée... »

Mme Perez et Alice discutaient encore quand Bess et Marion arrivèrent. Mises au courant des faits, elles ne cachèrent pas leur indignation.

« Les accusations de Mme Joslin sont ridicules, déclara Bess. Alice est une fille sensationnelle, et je suis sûre qu'elle vaut cent fois Arabella.

— Alice possède en effet les plus grandes qualités de cœur et d'esprit, admit Mme Perez en souriant, mais...

— Si Alice ne se joint plus à votre groupe, nous nous retirons également! annonça Marion d'un ton péremptoire.

— Je ne peux pas vous blâmer, mes enfants. Je vais m'occuper de vous faire rembourser vos billets, et...

— Il est malheureusement bien tard pour tirer d'autres plans! riposta Bess.

— C'est vrai, reconnut Mme Perez, très ennuyée. J'avais promis à Mme Joslin de faire cette démarche auprès de vous, Alice. Mais si vous n'êtes vraiment pas d'accord, j'aurais mauvaise grâce à insister, car je reconnais que cela est fort injuste.

— Cependant, si, mes amies et moi, nous persistons à rester avec vous, cela vous mettra en fâcheuse position, n'est-ce pas?

— Ma foi..., autant tout vous avouer : Mme Joslin est une ancienne amie à moi. Je lui ai beaucoup de reconnaissance, car c'est elle qui m'a aidée à lancer mon école, il y a de cela plusieurs années.

— Je vois... »

La visiteuse se leva.

« Quand connaîtrai-je votre décision définitive, Alice?

— Demain matin, si vous le voulez bien. Le temps de parler à mon père...

— Dites-lui surtout combien je suis navrée de cette histoire stupide... »

Après le départ de Mme Perez, les trois amies donnèrent libre cours à leurs sentiments. Si ennuyées qu'elles fussent, elles n'arrivaient pas à en vouloir à Mme Perez. C'était une femme aimable et bonne que les caprices de son amie plaçaient dans une situation délicate. Originaire d'Amérique du Sud, elle était venue fonder à River City une école dont tout le monde s'accordait à dire le plus grand bien, et elle s'y donnait tout entière.

« En fin de compte, déclara brusquement Marion, je pense qu'il nous serait désagréable de voyager désormais avec Arabella. Faisons donc bande à part et partons seules toutes les trois. Qu'en pensez-vous?

— Cela me tente assez! répondit Alice. Consultons les parents. »

M. Roy, les Webb et les Taylor réunis chez Alice eurent quelque mal à trouver une solution au problème. Ils pensaient que leurs filles s'amuseraient davantage en étant entre elles. Par ailleurs, ils auraient bien aimé qu'une personne plus âgée qu'elles les prît en charge.

« Malheureusement, fit remarquer Bess, nous ne connaissons personne qui se rende en Amérique du Sud! »

Alice, qui caressait Blanche-Neige, poussa soudain une exclamation :

« Ecoutez! Ecoutez! J'ai une idée! A force d'essayer de deviner qui peut m'avoir donné ce chat, je crois avoir trouvé la réponse.

— Mais quel rapport avec notre casse-tête actuel? demanda Marion, surprise.

— Ecoute donc, te dis-je!... Vous rappelez-vous cette charmante jeune femme de Buenos Aires que j'ai empêchée d'être escroquée?

— Mme Purdy! s'écria Bess, soudain intéressée. Elle raffolait des chats!

— Je lui ai entendu dire, continua Alice, qu'elle songeait à effectuer de temps à autre un déplacement en Amérique du Sud après la mort de son mari. Elle est en effet née là-bas, mais elle avait épousé un Américain du Nord. Peut-être pourrions-nous lui suggérer de faire un voyage maintenant et de nous servir de chaperon?

— C'est une bonne idée! approuva Mme Webb. Je lui confierai volontiers Marion. C'est une personne charmante et certainement très sérieuse. »

En fait, Mme Purdy était sympathique à tout le monde... Aussi Alice et ses amies décidèrent-elles de lui rendre visite sans attendre. La jeune femme habitait Weldon, à quelques kilomètres de River City. Sa petite villa, tapissée de lierre, se trouvait à la sortie du village.

« Nous y voilà! dit Bess quand elles furent arrivées. Mais... oh! Les volets sont fermés. Elle ne doit pas être là.

— Mme Purdy était notre dernier espoir, grommela Marion, déçue. Qu'allons-nous faire maintenant? Où peut-elle être?

— Renseignons-nous auprès des voisins! » proposa Alice en sautant hors de la voiture.

Dans la villa voisine, une femme les reçut avec sympathie.

« Vous jouez de malchance, leur apprit-elle. Mme Purdy est partie depuis trois jours seulement. Elle est allée dans sa famille, en Argentine.

— Dire que nous aurions pu nous embarquer avec elle si nous l'avions su! s'exclama Bess, dépitée.

— Peut-être avez-vous l'adresse de Mme Purdy? s'enquit Alice, pleine d'espoir.

— Oh! oui. Certainement. Elle m'a priée de lui faire suivre son courrier. Je vais vous la donner si vous voulez.. »

La femme disparut dans la maison et revint un instant plus tard avec un morceau de papier qu'elle tendit à Alice. Les trois amies remercièrent et revinrent à la voiture.

« Je ne vois pas en quoi cette adresse peut nous être utile, soupira Bess en s'installant au volant. Mme Purdy doit être en mer à l'heure qu'il est.

— Tiens! J'ai oublié de demander le nom du paquebot sur lequel elle voyage! » s'exclama Alice en courant vers la villa de son obligeante informatrice. Celle-ci lui apprit qu'il s'agissait du *Corona*; elle demanda encore si Mme Purdy possédait un gros chat angora blanc.

« Elle en avait un, expliqua la femme. Une très jolie chatte. Mais elle n'a pas voulu l'emmener avec elle à Buenos Aires.

— Qu'en a-t-elle fait?

— Elle m'a dit qu'elle l'avait donnée à une jeune fille qui lui avait rendu service. J'ignore toutefois le nom de la jeune personne en question. »

Alice aurait pu l'éclairer sur ce point... Après avoir remercié, elle rejoignit ses compagnes.

« Tout va bien! murmura-t-elle gaiement. Maintenant, nous allons nous rendre au bureau de poste le plus proche. Peut-être est-ce une dépense inutile mais j'ai l'intention d'envoyer un télégramme à Mme Purdy.

— Pour la prier de rentrer dare-dare? demanda Bess, en riant.

— Non, pour lui demander de nous prendre sous son aile protectrice quand nous arriverons à Buenos Aires avec le *Saint Patrick*! Peut-être acceptera-t-elle et, dans ces conditions, je suis sûre que nos parents ne verront pas d'inconvénient à ce que nous voyagions seules.

— Quelle idée épatante, Alice! » s'exclama Marion, ravie.

Au bureau de poste de Weldon, un homme se tenait déjà devant le guichet des télégrammes. Les trois amies furent obligées d'attendre qu'il en ait terminé avec la rédaction de son message. Par malheur, l'homme semblait ne pas savoir composer son texte. Enfin, après plusieurs ratures, il froissa sa feuille et la jeta négligemment dans une corbeille à papier... si négligemment même qu'il manqua son but et que la boule roula à terre.

L'homme entreprit d'écrire un second message.

« Nous sommes là jusqu'à la fin des âges! » soupira Bess en se balançant d'un pied sur l'autre.

Alice voyait fort mal le visage de l'homme qui portait un chapeau rabattu sur le devant. Cependant, elle avait l'impression de l'avoir déjà rencontré quelque part.

Sans même un regard en direction des jeunes filles, l'inconnu termina enfin son message. Puis il le passa, accompagné d'un billet de banque, à la préposée derrère le guichet. Après quoi, raflant sa monnaie d'un geste rapide, il quitta le bureau de poste à pas pressés.

« Enfin! A nous! » murmura Bess derrière son dos.

Poussée par un obscur pressentiment, Alice ramassa d'un geste machinal la boule de papier froissé qui était tombée à côté de la corbeille.

Au moment de la jeter dans le panier, ses yeux accrochèrent le libellé du message. Sa figure refléta alors une intense stupéfaction.

« Qu'y a-t-il? demanda Marion, intriguée.

— Tiens!... Lis donc, murmura Alice. « *Roy La Plata samedi.* » Es-tu capable de m'expliquer ce que vient faire mon nom dans ce télégramme? »

CHAPITRE VI

MYSTÉRIEUX TÉLÉGRAMME

« C'EST pourtant vrai que ce message contient ton nom, Alice! s'écria Marion, aussi surprise que son amie.

— Et samedi est précisément le jour où nous comptions nous embarquer pour l'Amérique du Sud, ajouta Bess effarée. Je me demande par exemple ce que signifie « La Plata ».

— Et ce que signifie le message lui-même! murmura Marion, troublée. J'ai l'impression qu'il nous concerne toutes les trois.

— Si seulement j'avais une carte sous la main... dit Alice d'un air songeur.

— Une carte! Qu'en ferais-tu? s'enquit Bess.

— Ma foi, ce télégramme fait allusion soit à une personne, soit à un lieu géographique. Peut-être est-il rédigé en code.

— En fin de compte, il ne nous concerne peut-être nullement! Après tout, tu n'avais jamais vu cet homme de ta vie, n'est-ce pas?

— Je n'en sais trop rien. Son visage n'était guère visible sous son chapeau, mais il m'a paru vaguement familier.

— J'ai eu la même impression que toi, déclara Marion.

— Oh! Maintenant je m'en souviens! s'exclama Alice. C'était l'homme que Mme Joslin attendait dans sa voiture...

— Devant la bijouterie! acheva Marion.

— Je crois que vous avez raison, en effet, dit Bess à qui la mémoire revenait aussi. Dans ce cas, Alice, ce message fait bien allusion à toi. Je t'ai déjà avertie que Mme Joslin devait avoir une raison secrète pour t'empêcher de voyager sur le même bateau que sa fille.

— Tu pourrais bien avoir raison, Bess, opina Alice en mettant le message dans son sac. Je vais montrer ceci à papa. Nous verrons ce qu'il en pense. »

Après avoir envoyé un télégramme à Mme Purdy, les trois amies regagnèrent River City. Alice passa au bureau de son père : M. Roy ne parut guère impressionné par le message mystérieux.

« Je ne vois pas en quoi il peut te concerner, ma chérie, dit-il. Ce doit être une coïncidence. Cependant je suis content qu'en ne te joignant pas au groupe d'Arabella tu restes à l'écart des Joslin.

— Je me demande même si nous ferons le

voyage, murmura Alice soudain pessimiste. Mme Purdy demeure notre seul espoir... »

Elle alla retrouver ses camarades qui, pour lui changer les idées, proposèrent une partie de lèche-vitrine.

« Non! répondit Alice. Il faut que je rentre pour aider la pauvre Sarah qui est débordée de travail.

— Eh bien, nous allons lui donner un coup de main aussi! » décida Bess, approuvée par Marion.

Alice, aidée de ses amies, eut tôt fait d'expédier le ménage du premier étage. Puis les trois jeunes filles montèrent au second où se trouvait la chambre d'Alice. Celle-ci commença à fouiller dans sa bibliothèque.

« Que cherches-tu? demanda Bess. Je croyais que nous devions préparer tes bagages.

— Cela peut attendre. Je dois d'abord trouver quelque chose.

— Je parie que tu cherches une carte! dit Marion.

— Tu as deviné juste! C'est le message mystérieux qui me tracasse. J'aimerais bien le comprendre.

— « Roy La Plata samedi », récita Bess. Crois-tu qu'il puisse s'agir du nom d'un bateau?

— Non, répondit Alice. Je crois qu'il s'agit d'un fleuve. Mais je préfère vérifier. »

Elle dénicha un atlas, en tourna vivement les pages.

« Nous y voilà! s'écria-t-elle. Rio de la Plata! Ce fleuve arrose Buenos Aires avant de se jeter dans l'océan!

— Alice Roy! s'exclamèrent ses amies en chœur. Tu as vraiment du flair...

— Et des connaissances géographiques », ajouta Alice en riant.

Les jeunes filles se mirent à discuter avec animation.

Ce même soir, alors que M. Roy et sa fille dînaient chez eux en compagnie de Ned qu'ils avaient invité, Alice reçut un télégramme de Mme Purdy. La jeune fille l'ouvrit avec des doigts qui tremblaient un peu. Mais le message contenait une excellente nouvelle.

« Hurrah! s'écria-t-elle. Notre croisière aura lieu! »

Mme Purdy apprenait aux trois amies qu'elle comptait passer plusieurs mois à Buenos Aires et les recevrait volontiers chez elle. Elle confirmait avoir donné le chat à Alice et félicitait celle-ci de sa perspicacité.

« Eh bien! Voilà qui arrange tout! déclara

M. Roy d'un air satisfait. Je pars tranquille, te sachant en bonnes mains, Alice. »

Ned n'éprouvait pas le même sentiment que son hôte. Il se disait que la surveillance toute symbolique de Mme Purdy n'empêcherait pas Alice de sauter sur le premier mystère à débrouiller que lui offrirait l'Amérique du Sud. Son opinion fut encore renforcée quand, à l'issue du repas, son amie lui montra le message mystérieux trouvé à la poste de Weldon.

« Tu te lances toujours dans des histoires impossibles, Alice. Suis mon conseil et sois prudente. A ta place je ne voudrais pas être mêlé à des intrigues concernant les Trenton, les Joslin ou n'importe qui d'autre.

— Mon pauvre Ned, ce que tu es vieux jeu! s'exclama Alice, taquine. Tiens, tu ferais mieux de me conduire à l'instant même chez les Trenton. J'aimerais rencontrer Doris avant d'embarquer. »

Ned accepta de mauvais gré. Juste comme les deux jeunes gens allaient partir, une auto s'arrêta devant la grille. Mme Joslin en descendit. Cachant son étonnement, Alice l'invita poliment à entrer.

« Inutile. Je peux aussi bien vous parler sur ce perron. A ce que j'ai compris, Mme Perez est venue vous voir et vous ne lui avez donné aucune réponse définitive quant à votre voyage en Amérique du Sud.

— C'est exact, répondit Alice que la situation commençait à amuser.

— Eh bien, il faut vous décider sur-le-champ! ordonna Mme Joslin avec impertinence. Avez-vous oublié que le bateau part samedi?

— Certainement pas.

— Si vous vous entêtez à faire cette croisière

avec le groupe de l'école Franklin, je retirerai ma fille de cette institution! s'écria Mme Joslin, menaçante. Il est inadmissible que...

— Calmez-vous, je vous en prie! dit Alice sans se fâcher. Et cessez de vous tracasser au sujet de cette histoire. J'ai décidé de ne pas voyager en compagnie des élèves de Mme Perez.

— Vous auriez pu le dire plus tôt! »

Et, sans un mot de gratitude, la désagréable femme tourna les talons et rejoignit sa voiture. Derrière son dos, Ned ne se gêna pas pour exprimer son opinion sur elle. Il ajouta qu'à son avis, quand elle saurait qu'Alice voyagerait tout de même sur le *Saint Patrick*, elle s'arrangerait pour lui causer des ennuis.

— Peuh! Elle ne le saura pas immédiatement, répliqua Alice. D'ailleurs, ni elle ni sa fille ne me font peur! »

Arrivés chez les Trenton, Alice et Ned furent reçus d'une étrange manière. M. Trenton, un homme à l'air las qui portait lunettes, parla fort peu. Sa femme, douce et effacée, chercha en vain à animer la conversation puis finit par se taire aussi. Seule Doris, calme et sûre d'elle, répondit aux questions d'Alice. Ses parents témoignèrent d'une grande nervosité dès qu'il fut question de la croisière de leur fille en Amérique du Sud.

« Je ne pars que parce que papa et maman le désirent, déclara Doris en haussant les épaules. Personnellement, ce voyage ne m'emballe pas.

— Je suis certaine que nous nous amuserons beaucoup à bord! affirma Alice avec enthousiasme.

— Est-ce à dire que vous allez aussi à Buenos Aires?

— Mais oui. Je croyais que vous le saviez. Nous naviguerons sur le même bateau. »

Doris perdit un peu de son calme. Une expression effrayée passa sur son visage. Elle tourna vers ses parents un regard difficile à déchiffrer.

« Non, je ne le savais pas, répondit-elle enfin à Alice. Mais j'en suis ravie. Absolument ravie! »

CHAPITRE VII

UN CAMBRIOLAGE

Le ton de Doris était ironique. Alice en conclut que la jeune fille se doutait de sa mission. Dès lors la conversation devint difficile, et Ned et Alice se retirèrent bientôt.

Le lendemain matin, Alice reçut une réponse au sujet de la voiture qui avait tamponné la sienne : le service de l'immatriculation lui faisait savoir que le véhicule appartenait à... Mlle Doris Trenton.

« Ça, par exemple! s'exclama tout haut la jeune détective. Voilà qui est curieux! »

Cependant, son temps étant mesuré, elle renonça à se rendre une seconde fois chez les

Trenton. Peut-être aurait-elle l'occasion de rencontrer Doris avant le départ du bateau. Sinon, tant pis, elle attendrait de la voir à bord!

La chance servit Alice en la mettant en présence de Doris, dans un salon de thé où les deux jeunes filles venaient avaler à la hâte des sandwiches après des achats de dernière minute. Miss Trenton était assise à une table d'angle. Elle avait tiré de son sac une petite photographie et la considérait longuement. Alice en profita pour se glisser jusqu'à elle. Doris sursauta et cacha la photo dans son portefeuille. Pas assez vite cependant pour que la jeune détective n'ait eu le temps de reconnaître le jeune homme aux cheveux roux qui avait endommagé son cabriolet.

« Heu..., bonjour! murmura Doris. Voulez-vous vous asseoir? »

Alice prit place en face d'elle puis, après un échange de paroles banales, exhiba la lettre du service d'immatriculation.

« Si vous voulez bien jeter un coup d'œil là-dessus? » dit-elle.

Doris prit connaissance de la note et rougit.

« Cette voiture m'appartient, en effet, avoua-t-elle. Mais en quoi cela vous intéresse-t-il? »

Alice lui raconta alors ses démêlés avec le jeune homme aux cheveux roux. Tout en parlant, elle surveillait les réactions de sa compagne. Doris semblait terriblement embarrassée.

« Je... je... La personne à qui vous faites allusion m'emprunte souvent ma voiture en effet, expliqua-t-elle. Ce garçon a heurté votre cabriolet mais, puisqu'il vous a dédommagée, je m'en tiendrais là, à votre place.

— Je lui dois cinquante dollars, Miss Trenton.

C'est ce qu'il reste après règlement de la note du garagiste.

— Sans doute ne s'en soucie-t-il pas, répliqua Doris en fuyant le regard d'Alice. Ne vous tracassez donc pas.

— Il m'est impossible de garder cet argent. Je dois le lui rendre. Pouvez-vous me donner son adresse?

— Oh! non! Et je ne vous dirai même pas son nom. Je vous en prie, ne pensez plus à cette histoire, Miss Roy. Gardez les cinquante dollars! »

Et, murmurant quelques mots d'excuse, Doris se dépêcha de régler sa note et s'en alla.

« Décidément, se dit Alice, cette Miss Trenton est bien étrange. Elle cache quelque chose, mais je finirai bien par savoir quoi... »

Réunissant ses paquets, Alice rentra chez elle. Elle trouva la maisonnée en état d'alerte car, à trois heures de l'après-midi, M. Roy devait prendre son avion pour l'Ouest. Alice l'aida à terminer ses bagages, puis l'accompagna à l'aéroport.

« Cela m'ennuie de te quitter, ma chérie, déclara l'avocat à sa fille. Malheureusement, mes affaires me contraignent à partir plus tôt. Je dois être à Salt Lake City vendredi soir.

— Ne te tourmente pas. Tout ira bien.

— J'y compte bien. Sinon je n'accepterais pas de te laisser. As-tu tout ce qu'il te faut : ton passeport, ton argent...?

— Mais oui, papa. Cesse de t'inquiéter! »

L'avion de M. Roy n'allait pas tarder à décoller. Il embrassa tendrement sa fille, lui dit au revoir... mais ne put s'empêcher d'ajouter encore quelques mots de recommandation :

« Prends bien soin de ne pas égarer ton passeport quand tu seras à l'étranger, Alice. Si tu le perdais, tu risquerais de te trouver dans un réel embarras.

— Je ferai attention, papa. »

Elle regarda son père monter à bord et suivit l'avion des yeux jusqu'à ce qu'il eût disparu.

Dans le taxi qui la ramenait chez elle, elle commença à songer à son propre voyage. Elle se fit arrêter devant un magasin d'articles pour chiens et chats où elle acheta un panier en osier, très confortable, dans lequel Blanche-Neige pourrait être transportée dans les meilleures conditions.

Pendant ce temps, Sarah s'affairait de son côté. Il lui restait encore à emballer les affaires d'Alice. Constatant qu'il lui manquait encore quelques produits de toilette, la brave femme se changea et se hâta vers le magasin le plus proche.

Aussitôt après son départ, un homme mystérieux s'approcha, feignit de frapper à la porte de service, introduisit un passe-partout dans la serrure et, profitant de l'absence de la gouvernante, se glissa dans la villa des Roy.

« Voyons, murmura-t-il. La chambre de la gamine se trouve, paraît-il, au second étage. C'est donc là-haut que je dénicherai ce que je cherche... »

Il grimpa vivement l'escalier et pénétra dans une pièce contenant de beaux meubles d'acajou.

« Hum! Ce doit être la chambre du père! Allons plus loin... »

Il ressortit et entra dans la pièce suivante.

« Nous y voilà! » constata-t-il.

Ouvrant la grande valise qu'il tenait à la main, il se dirigea droit vers la penderie, décrocha toutes les affaires d'Alice — soigneusement repassées par Sarah — et les fourra dans la valise. Alice cependant, bien loin de se douter de ce qui se passait chez elle, se trouvait sur le chemin du retour. Soudain, par la fenêtre de son taxi, elle aperçut Sarah qui rentrait de son côté. Elle régla le chauffeur, descendit et rejoignit la gouvernante. Toutes deux n'étaient plus qu'à quelques mètres de la maison.

« Je suis allée faire des courses pour toi, expliqua Sarah. Je t'ai acheté une jolie trousse de toilette. J'espère qu'elle te plaira... »

Alice remercia gaiement la gouvernante, puis la précéda dans l'allée de la villa pour ouvrir la porte d'entrée. Sitôt le battant poussé, un bruit insolite frappa ses oreilles.

« Mais il y a quelqu'un, ici! » s'écria Sarah qui avait également entendu.

C'était le cambrioleur qui prenait la fuite. Les deux femmes, ayant mal localisé le bruit, s'imaginèrent qu'il venait du haut. Alice se précipita dans l'escalier.

« Attends! supplia Sarah. Sois prudente!

— Je veux en avoir le cœur net! » répondit Alice sans ralentir son élan.

En arrivant dans sa chambre, elle comprit tout de suite de quoi il retournait : quelqu'un avait décidément résolu de l'empêcher de partir en croisière.

« Tous mes vêtements ont disparu! cria-t-elle à Sarah. Je n'ai plus rien pour m'habiller. Comment puis-je m'embarquer dans ces conditions? En tout cas, mon cambrioleur n'est plus là! »

Sarah inspecta rapidement le rez-de-chaussée, mais le voleur était déjà loin. La gouvernante alerta aussitôt la police. En attendant son arrivée, Alice entreprit elle-même une petite enquête. Elle se mit à fouiller chaque pièce, espérant trouver un indice. Arrivée dans la salle à manger, elle poussa un cri de joie :

« Sarah! Viens voir! Mon deux-pièces bleu est accroché au rebord de la fenêtre! »

Elles se précipitèrent pour regarder dans le jardin, et ne purent en croire leurs yeux. Là, sous la fenêtre même, gisait le contenu de la valise du cambrioleur! Sans doute la fermeture s'était-elle ouverte au cours de sa fuite hâtive, et l'homme avait-il préféré l'abandonner là. Alice put récupérer toutes ses affaires, presque intactes.

Après le départ de la police, Alice aida Sarah à repasser de nouveau les toilettes froissées.

Elles étaient loin d'avoir terminé quand une fourgonnette s'arrêta devant la grille.

« Qu'est-ce encore? » bougonna Sarah.

Alice courut à la fenêtre.

« C'est le commissionnaire qui vient prendre ma malle! Quel ennui! Je n'ai même pas fini de la remplir! »

Sarah alla ouvrir la porte :

« Nous ne sommes pas tout à fait prêtes. Pouvez-vous patienter quelques minutes? dit-elle en s'excusant.

— Bien sûr! répliqua le commissionnaire en souriant. Je ne suis pas fâché de faire une petite pause. »

Et, sans plus de discours, il s'assit sur une marche du perron. Alice se hâta de terminer ses bagages. Après quoi, elle fit signe au garçon et le guida jusqu'à sa chambre où trônait la malle cerclée de cuivre, dûment bouclée et prête à être emportée.

« Quelle chouette malle! s'exclama le commissionnaire. J'en vois rarement d'aussi jolies!

— Je crains surtout qu'elle ne soit un peu lourde, répondit Alice en riant. Je l'ai pas mal bourrée, vous savez!

— Peuh! Elle est légère comme une plume, assura le jeune homme d'un air fier en faisant saillir ses biceps. J'en ai porté de plus lourdes que ça! »

Alice lui indiqua où expédier sa malle et empocha le reçu qu'il lui délivra. Quand il fut parti, elle prévint Sarah :

« Je vais poster une lettre pour papa et je reviens immédiatement! »

Comme elle descendait la rue, elle regarda sans y penser un taxi qui venait de s'arrêter au feu rouge. Alors, ses yeux s'arrondirent : le garçon aux cheveux roux était assis sur la banquette arrière.

« Hé! Attendez! » cria Alice en s'approchant à pas rapides.

Le rouquin tourna la tête, parut la reconnaître et lança un ordre au chauffeur qui, le feu étant devenu vert, s'empressa de démarrer. Le taxi disparut au premier tournant.

« Il fait exprès de m'éviter, se dit-elle avec irritation. Je voulais seulement lui rendre ses cinquante dollars, mais il a sans doute cru que je cherchais à lui créer des ennuis. Quel idiot! »

De retour chez elle, Alice termina ses préparatifs de départ. Elle pénétra dans le bureau de son père pour y prendre ses papiers, et en ressortit bientôt, l'air ennuyé.

« Sarah! Tu n'as pas touché à mon passeport cet après-midi?

— Ma foi non! Ne me dis pas qu'il a disparu!

— J'étais certaine de l'avoir déposé sur le bureau de papa et il n'y est plus!

— Seigneur! C'était la dernière des choses à égarer!

— Il doit bien être quelque part », murmura Alice en essayant de conserver son sang-froid.

N'empêche que sa nervosité croissait d'instant en instant.

Aidée de Sarah, elle se mit à fouiller fébrilement la table de travail de son père, puis la pièce elle-même. En vain!

Elle regarda ensuite dans son sac et dans son portefeuille. En vain également!

Pour finir, les deux femmes passèrent l'inspection de toutes les pièces. Nulle part elles ne trouvèrent le passeport. Il s'était mystérieusement envolé!

CHAPITRE VIII

LE PASSEPORT DISPARU

« Qu'allons-nous faire, Alice, s'écria Sarah, très ennuyée. Si tu ne mets pas la main sur ce passeport, tu ne pourras jamais partir.

— J'espère que notre cambrioleur ne l'a pas emporté, gémit Alice.

— Ce serait une catastrophe! Allons, ne soyons pas pessimistes et essayons encore de le retrouver. Peut-être avons-nous mal cherché.

— Je le voudrais bien!

— Fais un effort de mémoire, ma petite. Ne l'aurais-tu pas fourré dans ta malle par mégarde?

— Oh! non! Je suis sûre que non.

« Sarah! pourquoi es-tu montée dans le train? » →

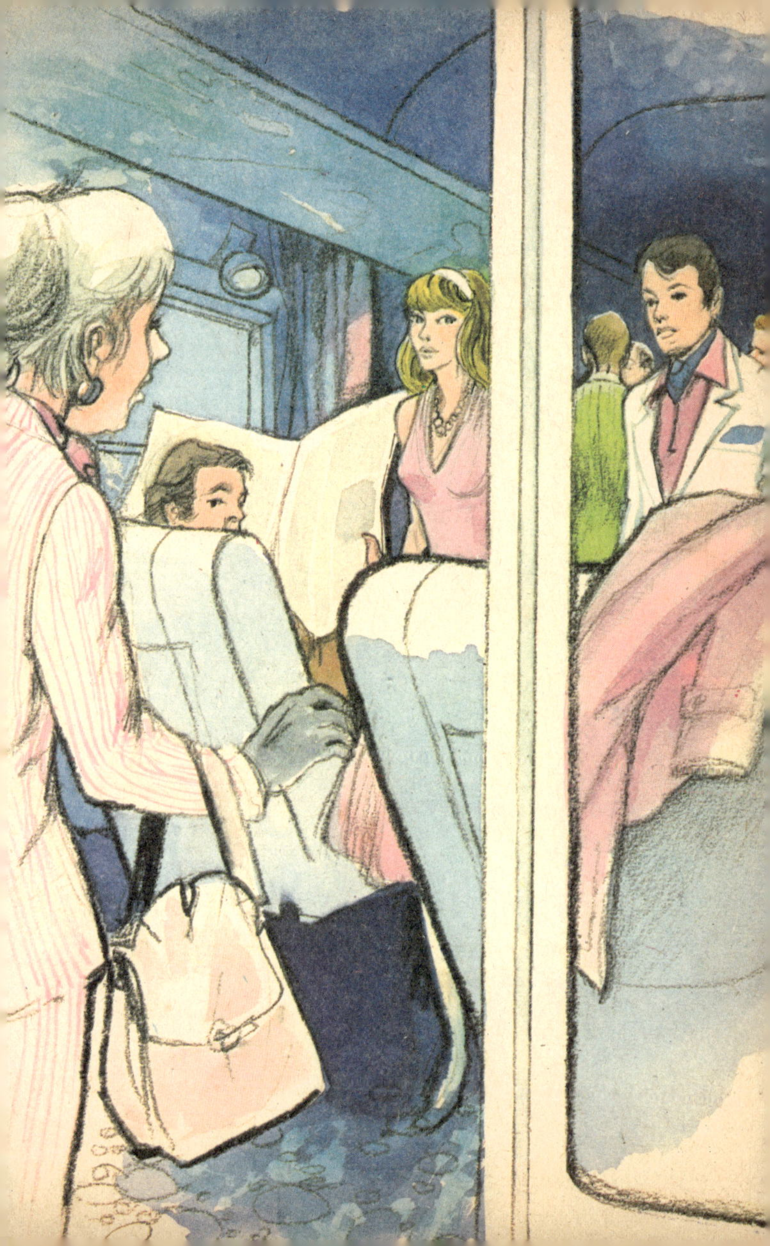

— Rappelle-toi que cette malle était grande ouverte dans ta chambre.

— C'était pour pouvoir y mettre encore des affaires à la dernière minute! expliqua Alice. Mon Dieu, oui, je me souviens maintenant, j'ai mis dans la malle, au dernier moment un livre que je souhaitais emporter et que j'avais pris chez papa. Le passeport est sûrement dedans! »

Sans perdre un instant, Alice et Sarah se rendirent au bureau des expéditions. Hélas! Il était tard déjà et elles le trouvèrent fermé. Mais Alice réussit à se procurer le nom du directeur et lui téléphona pour lui exposer son histoire.

« Je me rappelle fort bien cette malle, répondit le directeur. Elle est cerclée de cuivre, n'est-ce pas?

— C'est cela! Et mes initiales, A. R., en cuivre également, sont dessus. Je vous prie de ne pas expédier tout de suite ce bagage.

— Désolé, mademoiselle, mais votre malle a été dirigée sur New York cet après-midi.

— Quelle déveine! se lamenta Alice. Que faire à présent? Je dois à tout prix m'assurer que mon passeport se trouve à l'intérieur. Sans lui, il m'est impossible d'embarquer!

— Ecoutez! dit le directeur après un instant de réflexion. Voici ce que nous pouvons faire... Je vais envoyer un télégramme à notre bureau de New York en priant de ne pas charger votre malle à bord du *Saint Patrick* tant que vous n'aurez pas vérifié son contenu.

— Merci! Merci! s'écria Alice avec élan. Vous me tirez une fameuse épine du pied.

— Bon! J'expédie ce télégramme sans plus attendre. Votre malle sera tenue à votre disposition quand vous arriverez à New York. Je vous conseille de vous y rendre le plus vite possible. »

Alice et Sarah rentrèrent chez elles en discutant sur l'attitude à prendre. Elles finirent par tomber d'accord : vu l'urgence de la situation, Alice ferait bien de prendre le train qui partait pour New York ce même jour, à minuit.

« Peut-être Bess et Marion ne seront-elles pas prêtes à me suivre si vite! avança Alice, un peu inquiète. Ça m'ennuierait de me mettre en route seule. »

Par chance, les deux cousines furent toutes disposées à avancer d'un jour leur départ. Une seule chose tracassait Bess :

« Vous savez, rappela-t-elle aux deux autres, que Mabel Arnold devait donner ce soir une petite fête d'adieu en notre honneur. Nous ne pourrons pas y assister.

— Prévenons Mabel! proposa Alice. Nous danserons jusqu'à onze heures et demie environ, puis nous les quitterons pour nous rendre directement à la gare. »

La suggestion fut adoptée à l'unanimité. Mabel accepta d'avancer sa réception de quelques heures. Les invités furent prévenus. Tout s'arrangea au mieux. On s'amusa ferme et on dansa gaiement jusqu'à la dernière minute. Puis les jeunes gens s'empilèrent dans les voitures, et l'on conduisit Alice, Bess et Marion à la gare, en grande pompe.

Sarah était déjà là pour souhaiter bon voyage à Alice.

« J'espère que tu retrouveras ce passeport, dit-elle à Alice. Si tu savais combien je me tracasse! »

Alice la rassura, mais elle-même se tourmentait

terriblement. Si elle ne mettait pas la main sur le précieux document, adieu la belle croisière!

Le train entra en gare. Les voyageuses montèrent dans un wagon où Ned les aida à s'installer.

« Ne t'attarde pas trop, Ned, dit Alice voyant que son fidèle compagnon ne faisait pas mine de redescendre sur le quai. Le convoi va s'ébranler d'un instant à l'autre. Tu serais obligé de partir avec nous.

— Et pourquoi pas? »

Sur le moment, Alice ne remarqua pas le ton significatif de son ami... Sarah, tout essoufflée, venait de surgir dans le compartiment.

« Alice! Oh! Alice! appela-t-elle en donnant de grands signes d'agitation.

— Sarah! Pourquoi es-tu montée dans le train? Que se passe-t-il?

— C'est incroyable! Je viens juste de voir des porteurs la hisser dans le fourgon de queue.

— Mais de quoi parles-tu donc?

— De ta malle. Elle voyage dans le même train que toi!

— Comment cela se peut-il? bégaya Alice, au comble de la surprise. Le directeur de la maison qui se charge des expéditions m'a affirmé que ma malle avait déjà été envoyée à New York. Es-tu sûre que ce soit la mienne, Sarah?

— Oui, c'est la même. Une énorme malle de cabine, cerclée de cuivre, avec tes initiales dessus. »

A ce moment, Sarah fut interrompue par une brusque secousse du train. Le convoi démarra lentement. La brave gouvernante eut juste le temps de retourner dans le couloir. Ned l'aida à descendre puis revint tranquillement rejoindre les voyageuses.

« Ned! s'exclama Alice. Tu es encore là?

— Comme tu vois, répliqua le garçon avec un large sourire. J'ai pris un billet jusqu'à New York! »

Il expliqua que James Roy l'avait prié de convoyer les trois amies jusqu'à leur embarquement.

« Et tu ne nous en avais rien dit jusqu'à présent!

— C'était une surprise! »

Cependant, comme l'arrivée bruyante de Sarah avait perturbé le sommeil de plusieurs voyageurs, on entendit quelques protestations :

« Chut! s'il vous plaît! »

Les jeunes gens baissèrent le ton pour poursuivre leur discussion à voix basse.

« J'ai peine à croire que ma malle soit bien dans le train. Cependant, je ne veux pas négliger cette chance. Je vais parler au chef de train. »

Elle partit avec Ned, à la recherche de l'employé. Celui-ci accueillit peu favorablement leur demande de jeter un coup d'œil dans le fourgon aux bagages.

« Navré, déclara-t-il d'un ton sec, mais c'est contraire au règlement.

— Si je pouvais vérifier tout de suite la présence de mon passeport dans ma malle; cela m'épargnerait bien du souci, expliqua Alice. Sans ce document, je ne pourrai pas m'embarquer demain.

— Je ne peux pas vous autoriser à pénétrer dans le fourgon, répliqua l'homme un peu radouci, mais je peux aller moi-même voir s'il s'agit bien de votre malle.

— Tenez, voici la clef, dit Alice. Si vous dénichez mon bagage, ouvrez-le, s'il vous plaît. Le passeport doit se trouver sur le dessus, dans un livre.

— D'accord. Décrivez-moi cette malle! »

Alice s'exécuta. En attendant le retour du chef de train, elle et Ned se promenèrent dans le couloir. Soudain, Ned s'immobilisa, devant un compartiment.

« Regarde! chuchota-t-il, c'est Henry Willard. »

Du geste, il désignait un jeune homme bien habillé qui lisait à la clarté de la veilleuse.

« C'est lui, tu en es sûr?

— Oui. Je le connais un peu. Veux-tu que je te le présente?

— Pas maintenant. Plus tard, si tu veux bien. Je suppose qu'il se rend à New York comme nous?

— Certainement.

— Qui sait s'il n'a pas l'intention de s'embarquer aussi à bord du *Saint Patrick*! Dans ce cas, quelle surprise pour Doris Trenton! Et une surprise désagréable, tu peux me croire. Cela ressemble fort à un coup monté par M. Trenton pour provoquer un tête-à-tête entre sa fille et son candidat d'élection. »

Sans avoir été vus d'Henry Willard, Ned et Alice s'empressèrent au-devant du chef de train qui revenait vers eux.

« Alors? s'enquit la jeune fille vivement. Avez-vous repéré ma malle?

— J'en ai bien vu une, cerclée de cuivre, avec

les initiales A. R. dessus... Mais ce n'est pas la vôtre.

— Comment, pas la mienne! protesta Alice. La description correspond. Du reste, vous avez dû remarquer une étiquette avec mon nom!

— Aucune étiquette, mademoiselle. Par ailleurs, la clef n'entre pas dans la serrure... Autrement dit, quelqu'un possède une malle en tout point identique à la vôtre..., exception faite de la serrure, bien entendu! Désolé! »

Alice ne savait que penser. Un tel hasard était bien étrange.

Décidément, ce voyage s'annonçait bien difficile.

CHAPITRE IX

UN BRACELET DE BRILLANTS

ALICE regagna son wagon et s'étendit sur sa couchette. Pourtant, elle fut quelque temps avant de trouver le sommeil. Elle réfléchissait à ce que lui avait dit le chef de train. Puisque sa clef ne s'adaptait pas à la serrure de la malle du fourgon, c'est que ladite malle appartenait à quelqu'un d'autre. Alice passa en revue les curieux événements qui semblaient tous viser à l'empêcher de s'embarquer. Elle se demandait s'il ne fallait pas voir plus qu'une coïncidence dans le fait qu'une personne inconnue possédât une malle identique à la sienne. Pour le découvrir, il importait avant tout de savoir qui était cette personne...

« C'est bien simple, songea-t-elle avant de s'endormir. Dès notre arrivée à New York je me précipiterai pour voir qui réclame cette malle... »

Au matin, cependant, une déception l'attendait. Ne voyant pas sortir du fourgon le bagage qu'elle guettait, Alice interrogea un employé. L'homme lui apprit que la malle avait été descendue en gare de Crestmont.

« Et vous ne savez pas à qui elle appartient? insista Alice.

— Non. Il n'y avait pas de nom sur l'étiquette. Seulement la destination et le numéro d'enregistrement.

— Crestmont, fit remarquer Bess à son amie. C'est là que se trouve l'école Franklin. La malle appartient peut-être à l'une des pensionnaires de Mme Perez. Bizarre qu'on l'ait mise dans le train à River City! »

Le mystère ne pouvant être éclairci sur-le-champ, Ned proposa d'aller prendre un substantiel petit déjeuner. Alice récupéra le panier de Blanche-Neige et le confia au garçon.

« J'ai l'air malin, avec ça! bougonna Ned en poussant la porte du buffet. Tout le monde me regarde!

— Inutile de bomber le torse, répliqua Alice, taquine. Ce n'est pas toi qu'on admire, c'est Blanche-Neige derrière ses barreaux d'osier!

— Bon, bon! Installons-nous ici... J'ai une faim de loup. »

Les trois amies et Ned passèrent leur commande, sans oublier une soucoupe de lait pour la chatte angora. En attendant d'être servie, Alice jeta un coup d'œil autour d'elle. Soudain, elle avisa Henry Willard assis à une table voisine. Elle le signala à l'attention de Ned par un discret coup de coude.

« Si tu l'invitais à se joindre à nous? » suggéra-t-elle.

Ned acquiesça. Il se leva, s'approcha de Henry, échangea quelques mots avec lui puis revint en sa compagnie vers la table des jeunes filles. Tandis que Ned procédait aux présentations, Alice étudia Henry Willard avec intérêt. C'était un jeune homme fort élégant, avec des manières agréables, qui se classait nettement au-dessus de la moyenne. Pourtant, quelque chose laissait deviner qu'il manquait de personnalité.

« Ce garçon doit être influençable, estima Alice *in petto*. C'est un faible. M. Trenton le tiendrait sous sa coupe que je n'en serais qu'à moitié étonnée. »

A haute voix, elle invita le nouveau venu à prendre place à côté d'elle. Il accepta poliment.

Au début, Alice fit en sorte de maintenir la conversation sur des sujets d'ordre général. Puis, au bout d'un moment, elle mentionna le nom de Miss Trenton. Aussitôt le visage du jeune Willard s'éclaira.

« Oh! Vous connaissez Doris! s'exclama-t-il. Savez-vous que je lui réserve une surprise? Je m'embarque moi aussi à bord du *Saint Patrick*! C'est son père et moi qui avons combiné la chose ensemble. Doris, elle, n'en sait rien. Je ne me montrerai qu'après le départ du bateau.

— C'est vous qui avez eu cette idée? demanda Alice d'un air ingénu.

— Non, c'est M. Trenton. De toute façon, je suis bien content d'effectuer cette croisière. J'ai toujours préféré le plaisir au travail, ajouta-t-il avec un léger rire.

— J'aurais cru, au contraire, dit Marion, qu'il était passionnant de travailler dans une grande fabrique de bagages de luxe.

— Peuh! On s'en fatigue vite, avoua Henri Willard. Je possède la moitié de la firme, mais je ne peux pas affirmer que je la dirige. C'est M. Trenton qui s'occupe pratiquement de tout. »

« Pour ça, songea Alice, je m'en doute un peu! »

Tout haut, elle enchaîna :

« Cette croisière est en effet séduisante. Et Doris sera sans doute contente de vous avoir pour compagnon de voyage...

— Je crois plutôt, coupa Henry en souriant, qu'elle me grondera d'avoir lâché mes obligations. Doris est une fille sensationnelle mais elle a

parfois de drôles d'idées. Si je l'écoutais, je serais vissé à mon bureau du matin jusqu'au soir.

— Et ça ne vous plaît pas?

— Oh! je ne suis pas contre le travail de temps en temps. Mais pourquoi m'échinerais-je alors que M. Trenton se charge volontiers de tout? Du moment qu'il est satisfait, Doris devrait l'être aussi. Mais voyez comme elle est bizarre : elle prétend ne vouloir m'épouser que si je m'attelle pour de bon à la besogne! Enfin, j'espère la convaincre au cours de cette croisière... »

Quand les voyageurs eurent fini leur petit déjeuner, Alice et ses amis prirent congé de Henry Willard. Dès que ce dernier fut hors de portée d'oreille, chacun donna son opinion... et tous tombèrent d'accord pour déclarer que c'était un gentil garçon, mais paresseux et sans aucun doute dominé par M. Trenton.

Alice, cependant, avait hâte de retrouver son passeport. Elle se rendit à la réception des bagages de l'agence qui avait fait l'expédition de sa malle. Celle-ci n'était pas encore arrivée. On l'attendait dans le courant de la matinée.

« Que vais-je devenir si elle est encore retardée en route? dit Alice à ses amis. Sans mon passeport, je ne pourrai jamais monter à bord du *Saint Patrick*. »

Ned conduisit les jeunes filles à l'appartement de la tante de Bess, Mme Miller. Celle-ci accueillit cordialement les voyageurs, comme elle l'avait déjà fait en de précédentes occasions. Pour distraire Alice de ses soucis, l'excellente femme proposa un tour dans les magasins, sitôt Ned parti.

« Bonne idée, tante Helen! » applaudit Bess.

Les trois filles n'achetèrent pas grand-chose

mais prirent plaisir à se promener dans la ville. Sur le chemin du retour, Mme Miller s'arrêta dans une bijouterie où elle avait laissé une montre à réparer.

La boutique était pleine de monde. Tandis que Bess et sa tante se dirigeaient vers le salon dépendant de l'atelier des réparations, Alice et Marion s'assirent pour les attendre. Presque aussitôt leur attention fut attirée par une femme bien habillée, à l'air opulent. Elle leur tournait le dos. A un certain moment, cependant, elle changea de place, et les deux amies aperçurent son visage. C'était Mme Joslin!

« Pour la première personne de connaissance que nous rencontrons, murmura Marion d'un air dégoûté, il faut que ce soit elle! Sans doute est-elle venue à New York pour assister à l'embarquement de sa précieuse Arabella. »

Alice aurait pu facilement éviter d'être vue de la désagréable femme. Tout au contraire, poussée par un démon malicieux, elle se leva et se rapprocha du comptoir de la bijouterie. Faisant mine de regarder un plateau de bagues, elle constata que Mme Joslin était en train d'examiner un bracelet de brillants.

« Vous n'avez rien de mieux? demanda Mme Joslin au vendeur.

— Ce bracelet est le plus beau de notre collection, assura le jeune homme Le travail en est remarquable.

— Comment allez-vous, madame Joslin? » s'enquit Alice avec une politesse exagérée.

L'interpellée sursauta et se retourna vivement.

« Je ne crois pas vous connaître! déclara-t-elle d'un ton sec à Alice.

— Comment! Vous ne vous souvenez pas de moi? répliqua Alice, ironique. Je suis votre amie détective.

— Comment cela! s'exclama Mme Joslin... Je... je ne vous ai jamais vue de ma vie! »

Et, ramassant son sac, elle se leva brusquement et sortit de la bijouterie.

« J'espère que je ne vous ai pas fait manquer une vente? murmura Alice, un peu inquiète, à l'adresse du vendeur.

— Oh! je doute qu'elle ait acheté quelque chose, répondit le jeune homme avec philosophie. Rien ne semblait pouvoir la satisfaire.

— Ce bracelet me plairait bien, à moi! soupira Alice. A-t-il une grande valeur? »

Le bijoutier énonça une grosse somme. Alice appela Marion pour qu'elle pût admirer, elle aussi, le bijou.

« Je parie, dit Marion, que Mme Joslin avait l'intention d'offrir ce bracelet à Arabella. C'est bien agréable d'être riche!

— Elle ne l'a pas acheté, pourtant... fit remarquer Alice. Comme c'est mesquin de sa part d'avoir fait semblant de ne pas me reconnaître! Je me demande si elle avait une raison spéciale d'agir ainsi! »

Mme Miller revint avec sa montre réparée. Les promeneuses rentrèrent chez elles et Alice téléphona pour s'enquérir de sa malle.

« Elle est arrivée il y a à peine dix minutes, lui dit un employé. Vous pourrez l'examiner quand bon vous semblera. Nous la tenons à votre disposition. »

Alice raccrocha, tout heureuse.

« Ma malle est enfin arrivée! cria-t-elle à ses amies. Je cours là-bas...

— Et si le passeport n'est pas à l'intérieur? » demanda Bess.

Le visage d'Alice s'assombrit. Elle fit la grimace.

« J'espère bien qu'il y sera! » soupira-t-elle.

Son enthousiasme s'était soudain envolé. Elle se rappelait la visite du cambrioleur qui avait tenté de lui dérober ses affaires. N'y avait-il pas de grandes chances pour qu'il eût empoché le précieux passeport...?

Enfin, la cruelle incertitude allait bientôt cesser!

CHAPITRE X

TERRIBLE ACCUSATION

QUAND Alice se trouva devant la fameuse malle cerclée de cuivre et marquée à ses initiales, son cœur se mit à battre plus vite. Tandis qu'elle en soulevait le couvercle avec des mains un peu tremblantes, Bess, Marion et Mme Miller retenaient leur souffle.

Alice ôta le plateau. Alors, sur une couche de vêtements, apparurent des dépliants froissés concernant la croisière et qu'Alice avait pris sur le bureau de M. Roy. Au beau milieu, le livre contenant le passeport d'Alice et quelques autres papiers dont elle pouvait avoir besoin une fois à l'étranger.

« Quel bonheur! s'écria Alice folle de joie. Je vais pouvoir embarquer sur le *Saint Patrick*! »

Elle récupéra le précieux document et le plaça aussitôt dans son sac.

« Si nous fêtions l'événement? » proposa avec gentillesse la tante de Bess.

Elle insista pour que les trois filles fussent ses invitées. Elles iraient d'abord au théâtre, et ensuite elles dîneraient. Bien entendu, ce programme fut adopté avec enthousiasme.

Tandis que Mme Miller, Bess et Marion allaient retenir les places, Alice se hâta jusqu'à un bureau de poste tout proche. Sarah, elle s'en doutait bien, ne serait pas tranquille tant qu'elle n'aurait pas appris que le passeport était retrouvé. Alice envoya donc un télégramme à la gouvernante pour lui annoncer la bonne nouvelle.

Après avoir expédié sa dépêche, la jeune fille se disposa à sortir. Jusqu'alors elle n'avait prêté aucune attention aux autres personnes occupées comme elle à rédiger des télégrammes. Soudain, un homme grand et mince, à l'aspect étrangement familier, s'écarta lui aussi du guichet. L'employé le rappela.

« Je lis mal l'adresse, monsieur. C'est bien « Imperio », n'est-ce pas?

— Mais oui, répondit l'homme sur un ton d'impatience. Et le nom du destinataire est Lopès. »

Après cette mise au point, il sortit à grands pas et se perdit dans la foule. Mais, entre-temps, Alice l'avait reconnu. C'était l'homme qu'elle avait aperçu quelques jours plus tôt en compagnie de Mme Joslin. Sans aucune raison précise, Alice nota alors les deux mots qu'elle avait entendu prononcer par l'inconnu. Quand, par la suite, elle rapporta les faits à Marion et à Bess, les deux cousines la taquinèrent :

« Encore ton imagination qui travaille, ma pauvre!

— Sait-on jamais! Cela me conduira peut-être à une piste avec, au bout, la solution d'un mystère... Je ne peux m'empêcher de penser que Mme Joslin a quelque chose à cacher!

— En admettant même qu'elle dissimule un noir secret, fit remarquer Marion en fille pratique, nous ne saurons jamais lequel. N'oublie pas que dans vingt-quatre heures nous serons à bord du *Saint Patrick*.

— N'oublie pas, toi, qu'Arabella doit voyager avec nous. Peut-être en tirerons-nous un renseignement ou deux... à moins que sa mère ne lui ait enjoint de nous fuir comme la peste! »

Quand l'heure d'aller au théâtre fut arrivée, Ned, également invité par Mme Miller, rejoignit ses amies. L'orchestre était bondé.

« Ce spectacle est l'un des plus populaires de New York, annonça la tante de Bess. Il est truffé de surprises. »

Un peu avant que les lumières ne s'éteignent Bess, assise juste devant Alice, attira l'attention de celle-ci sur deux personnes installées dans une loge :

« Mme Trenton et Henry Willard! chuchota-t-elle.

— Je me demande où est Doris! » murmura Alice, rêveuse.

La représentation commença à cet instant, coupé d'intermèdes comiques dans la salle même. Des disputes feintes entre faux spectateurs et prétendues ouvreuses mirent le public en joie, tandis que, sur la scène, les acteurs faisaient mine de s'arracher les cheveux de n'être plus écoutés.

A la fin du spectacle, Mme Miller et ses jeunes invités allèrent souper dans un restaurant voisin.

« Dire que demain, à cette heure, je serai à bord du *Saint Patrick*! soupira Alice. Je rêve tellement de cette croisière en Amérique du Sud! C'est égal, je ne me sentirai vraiment rassurée que lorsque la passerelle sera levée et que le bateau s'éloignera du quai. »

Ils prirent ensuite un taxi qui déposa Ned à son hôtel, et les amena à l'appartement de Mme Miller. Marion était en train de régler le chauffeur quand ses compagnes remarquèrent une voiture arrêtée à proximité. Deux hommes en surgirent, empêchant les quatre femmes d'entrer dans l'immeuble. Ils étaient suivis d'un troisième qu'Alice reconnut immédiatement comme le vendeur de la bijouterie.

« Ce sont bien les jeunes filles en question, déclara le vendeur. Celles qui ont volé le bracelet!

— Comment? Qu'est-ce que cela signifie? » s'écria Mme Miller.

Les deux hommes bloquant toujours le passage, exhibèrent leur carte :

« Police! Ces deux jeunes personnes sont sous mandat d'arrêt ! »

Et, ce disant, l'un des inspecteurs prit Alice par le bras tandis que son compagnon saisissait celui de Marion.

« Que faites-vous? protesta Alice, indignée. Vous n'avez pas le droit de nous arrêter. »

Le vendeur de la bijouterie fit un pas en avant

et brandit un index accusateur sous le nez d'Alice :

« Vous avez volé un bracelet de brillants dans notre boutique! déclara-t-il avec véhémence. Si ce n'est pas vous, c'est votre amie. L'une de vous est coupable. Et si je ne sais pas laquelle au juste, la police, elle, saura bien le découvrir! »

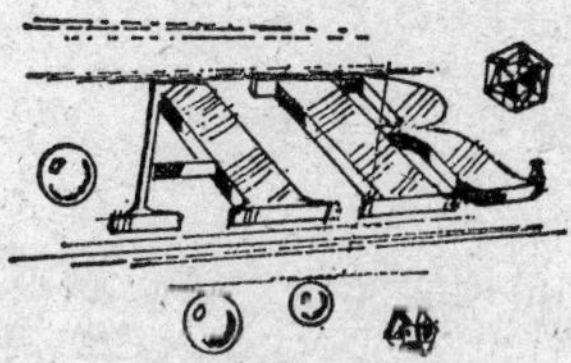

CHAPITRE XI

COURSE CONTRE LA MONTRE

Alice et Marion se mirent à protester hautement de leur innocence. La tante Helen eut alors une réaction pleine de sagesse : elle convia les trois hommes à monter jusque chez elle où l'on pourrait s'expliquer à loisir. Quand la porte de son appartement fut refermée, elle déclara d'une voix calme :

« Maintenant, messieurs, nous vous écoutons. Je suis certaine que ces jeunes filles n'ont pas volé ce bracelet.

— Voici comment l'affaire se présente, madame, exposa le vendeur. Une dame est entrée dans notre bijouterie pour examiner un bracelet de brillants. Après son départ, ces deux filles l'ont examiné à leur tour. Elles ont déclaré qu'il leur plaisait beaucoup.

— Vous ne pouvez pas nous arrêter pour un motif aussi futile! s'écria Marion, furieuse. J'aimerais posséder une voiture de luxe, mais je n'ai aucune intention d'en voler une!

— Votre amie et vous, vous êtes bien restées seules dix minutes devant ce bracelet!

— Seules! Mais le magasin était plein de monde! s'écria Alice qui sentait la patience lui échapper.

— Seules à mon comptoir, en tout cas.

— Comment pouvez-vous en être certain si vous n'y étiez pas vous-même? demanda adroitement Alice.

— C'est vrai ça! murmura l'un des inspecteurs.

— Je vous dis que ce sont des voleuses! insista l'employé de la bijouterie. Allez-vous les arrêter, oui ou non?

— Hum! pas si vite! Nous avions cru comprendre que vous les aviez vues empocher le bijou. C'est ce que vous nous aviez dit en tout cas.

— Un faux témoignage, c'est très grave! coupa Alice profitant de l'occasion. Je le sais parce que mon père est avocat.

— Ah! Votre père est un homme de loi? dit l'un des inspecteurs en regardant son acolyte d'un air significatif. Et comment s'appelle-t-il, s'il vous plaît?

— James Roy. »

Alice n'espérait guère que le nom de son père serait connu des deux hommes. Ce fut pourtant le cas.

« Vous êtes la fille de M. Roy?... Eh bien, Jim,

mon vieux, nous allions faire une belle gaffe! Je serais bien étonné si cette jeune personne avait volé quoi que ce soit...

— Je suis de ton avis, Bill. Nous ne possédons aucune preuve réelle contre ces jeunes filles.

— Mais il faut bien qu'elles soient coupables! s'écria avec obstination le vendeur. Si je ne récupère pas ce bracelet, je serai obligé de le payer de ma poche.

— J'en suis navrée pour vous, coupa Alice. Voyons... personne n'a-t-il eu la possibilité de voler ce bijou après notre départ de la boutique?

— Je parie que vous avez une idée sur la question, Miss Roy, avança l'un des policiers en voyant que l'employé hésitait à répondre... Avez-vous remarqué quelqu'un de suspect?

— C'est possible, en effet! avoua Alice. Cependant, je n'ai aucune preuve matérielle. Dans ces conditions, je serais mal venue de porter une accusation.

— Il n'y a déjà eu que trop d'accusations téméraires! » lança Bess dont les yeux étincelaient.

Quand les trois hommes se furent retirés, les jeunes filles confrontèrent leurs théories concernant le vol. Bess et Marion finirent par tomber d'accord avec Alice : Mme Joslin avait dû tremper dans cette vilaine histoire.

« Elle a feint de ne pas me reconnaître, rappelez-vous! dit Alice. Et rappelez-vous également que nous l'avons rencontrée avec cet homme aux allures étranges juste devant une bijouterie, la fois d'avant! Maintenant, il est possible que, même si elle méditait un mauvais coup, je l'aie effrayée avant qu'elle ait eu le temps de le commettre. Dans ce cas, elle n'est pas coupable!

— Mais elle a pu revenir à la bijouterie après notre départ! hasarda Bess. Elle, ou encore cet homme qui l'accompagne!

— Une chose me chiffonne, dit Marion. Les Joslin passent pour être très riches. Ne nous hâtons pas de les accuser!

— De toute façon, nous n'avons aucune preuve, soupira Alice. Attendons la suite des événements. Elle nous éclairera peut-être! »

Le lendemain matin, les trois amies se rendirent aux bureaux de la compagnie maritime pour s'assurer que leurs places étaient bien retenues à bord du *Saint Patrick.* Une fois fixée sur ce point, Alice demanda à consulter la liste des passagers.

« Tu cherches une amie? s'enquit Marion, surprise.

— Pas exactement. Je désirerais savoir si Arabella Joslin est logée dans la même partie du bateau que nous. »

Les jeunes filles examinèrent avec soin la liste, de A jusqu'à Z. Or, il leur fut impossible de découvrir le nom de Joslin.

« Peut-être Arabella a-t-elle renoncé à cette croisière, après tout, avança Marion. Ce serait une vraie chance pour nous.

— Hum! Du moment que sa mère est ici, à New York, c'est qu'elle embarque à coup sûr! » fit remarquer Alice.

Bess, pour être bien certaine que le nom d'Arabella ne leur avait pas échappé, parcourut une dernière fois la liste des passagers.

« Tiens! s'écria-t-elle soudain. Regarde, Alice! Voici quelqu'un qui s'appelle A. Roddington! Les mêmes initiales que toi : A. R.! »

Marion se mit à rire :

« J'espère que ce monsieur n'a pas, lui aussi, une malle cerclée de cuivre comme la tienne, Alice!

— En tout cas, ce ne serait pas celle qui nous a intriguées puisqu'elle a été descendue à Crestmont! »

Les trois amies ne s'attardèrent pas dans les bureaux de la compagnie. Elles étaient pressées de regagner l'appartement de leur hôtesse : Mme Miller avait en effet promis de donner une petite fête à l'occasion de leur départ.

Ned arriva à une heure, flanqué de deux amis de collège : Albert Clark et Jack Brady. Celui-ci, au grand ennui de Ned, se débrouilla pour changer les menus de place et pour occuper la chaise à gauche d'Alice. Bien avant que le déjeuner fût terminé, il devint évident que le jeune Jack éprouvait plus que de la sympathie pour sa compagne de table.

Après le repas, le temps fila avec une rapidité déconcertante. L'heure du départ sonna bientôt pour les voyageuses. On s'empila dans un vaste taxi. Celui-ci fut immobilisé par un embouteillage alors que l'on arrivait presque à destination. Alice jeta un coup d'œil par la portière pour voir ce qui se passait. Son attention fut alors attirée par un autre taxi venant en sens inverse : son unique occupant était un jeune homme aux cheveux roux... Alice le reconnut sur-le-champ. Encore son tamponneur de River City!

Au grand étonnement de ses amis, la jeune détective baissa la glace. Puis elle ordonna au taxi :

« Vite, demi-tour. Suivez cette voiture bleue!

— Alice! Es-tu folle? s'écria Bess. Tu oublies que nous avons un bateau à prendre.

— Nous avons du temps devant nous. Je veux joindre ce garçon. Je lui dois cinquante dollars. »

Par malheur, le chauffeur du taxi d'Alice ne put exécuter la manœuvre : un policeman l'en empêcha.

« Quel malheur! s'exclama Alice, dépitée. Voilà l'autre voiture qui s'éloigne. »

Ils n'avaient plus le temps de poursuivre le jeune homme roux. Leur taxi les conduisit aux quais.

CHAPITRE XII

CELLES QUI PARLAIENT

Les voyageuses, suivies de leurs amis, s'engagèrent sur la passerelle. Un steward les conduisit à une spacieuse cabine du pont A. Des fleurs et un télégramme de M. Roy attendaient sur la table.

« Je suis contente que papa n'ait pas été au courant de mon histoire de passeport perdu, murmura Alice. Il se serait fait trop de souci. Et à propos de ce passeport et de mes autres papiers, je vais tout de suite les confier au commissaire du bord pour qu'il les enferme dans le coffre-fort. Là, au moins, ils seront en sûreté! Je vous conseille d'en faire autant! »

Au bout d'une coursive, Alice se heurta à Mme Joslin. Celle-ci eut un haut-le-corps.

« Que faites-vous ici, Miss Roy?

— J'attends que le bateau lève l'ancre.

— Vous m'aviez affirmé que vous renonciez à cette croisière! Vous m'avez donc menti?

— Oh! non! Je vous ai dit que je me retirais du groupe des élèves de l'école Franklin et j'ai tenu parole. Je n'ai jamais prétendu que je n'embarquerais pas sur le *Saint Patrick.*

— Jamais je n'accepterai qu'Arabella voyage avec vous! s'écria Mme Joslin hors d'elle. Je vais lui ordonner de quitter ce bateau à l'instant! »

Tandis qu'elle s'éloignait en courant, Alice réfléchit. Ainsi, Arabella se trouvait bien à bord. Curieux que son nom ne figurât point sur la liste des passagers!... Machinalement, la jeune détective suivit Mme Joslin à distance, pensant bien qu'elle la conduisait tout droit à la cabine d'Arabella. Soudain, Alice s'immobilisa : Mme Joslin venait de rencontrer l'homme qui semblait être son compagnon attitré. Après tout, ce devait bien être son mari! Alice n'entendait pas ce qu'était en train d'expliquer Mme Joslin mais elle devina qu'il s'agissait d'elle.

« Ce couple a un comportement bizarre, se dit-elle. Je n'arrive pas à croire que c'est uniquement à cause d'Arabella qu'ils désirent me tenir à l'écart de la croisière. »

Bien convaincue cette fois que quelque chose de louche se préparait, la jeune détective décida de procéder à une petite enquête. Pour commencer, elle entrerait en contact avec le groupe de l'école Franklin et se renseignerait sur Arabella... Pour l'instant, hélas, le temps pressait. Le *Saint*

Patrick allait partir d'un instant à l'autre. Alice devait aller rejoindre ses amis sans plus s'attarder... Comme, après s'être quelque peu égarée, elle passait devant la cabine 20, une voix familière frappa ses oreilles : celle de Mme Joslin!

« Tu m'obéiras, entends-tu, Arabella?

— Non, non... je ne peux pas! répondit une autre voix, chargée de larmes. Je me faisais une telle joie de cette croisière! Je ne veux pas y renoncer. Je t'en prie, maman, laisse-moi à bord.

— C'est impossible, ma chérie.

— Oh! Ce n'est pas juste! Tu n'as pas le droit d'exiger un tel sacrifice.

— Cela suffit. Referme ta valise, Arabella, et suis-moi immédiatement! » ordonna Mme Joslin avec dureté.

Il n'y eut pas de réponse mais la porte de la cabine s'ouvrit brusquement. Une jeune fille brune d'environ dix-sept ans, aux joues ruisselantes de larmes, s'élança dans la coursive et disparut au premier tournant. Avant qu'Alice ait eu le temps de se cacher, Mme Joslin jaillit à son tour, prête à se précipiter à la poursuite de sa fille. Elle foudroya Alice du regard en criant :

« Tout cela est votre faute! »

Puis elle disparut à son tour en courant. Au même instant, la sirène du *Saint Patrick* fit vibrer l'air alentour.

« Les visiteurs à terre! Les visiteurs à terre! » crièrent les stewards.

« Mme Joslin n'aura jamais le temps de rejoindre sa fille, songea Alice, amusée. Elle-même devra descendre avant. »

La jeune détective rejoignit sa cabine, juste à temps pour voir Mme Miller, Ned et ses deux camarades de collège prendre congé des voyageuses.

« Amuse-toi bien, Alice! dit Ned avant de partir. Au fait, ton père m'a chargé de te rappeler quelque chose : défense de mettre ton nez dans aucun mystère au cours de cette croisière!

— Et l'on espère que je m'amuserai sans cela? » répliqua Alice en riant.

« Les visiteurs à terre! Dernier avertissement! »

Ned et ses amis descendirent en hâte la passerelle et prirent place au premier rang de la foule qui saluait les partants. L'attention d'Alice fut attirée par un groupe d'hommes qui, au-dessous d'elle, chargeaient les derniers bagages dans la soute.

« Tiens! Voilà ta malle! dit Bess en se penchant par-dessus la rambarde. Je suis contente de la savoir à bord. »

Non loin des jeunes filles, un homme, lui aussi, surveillait la manœuvre. A la vue de la malle cerclée de cuivre, il poussa un cri qui fit se retourner Alice.

« Mais c'est le mari de Mme Joslin! murmura-t-elle. Que fait-il donc? »

L'homme s'était mis à gesticuler. On voyait qu'il essayait d'attirer l'attention des hommes sur la malle. En vain! Tous les bagages furent chargés. La sirène mugit une dernière fois.

« Que pouvait-il vouloir à ma malle? s'écria Alice, intriguée. On aurait dit qu'il la revendiquait.

— Toi et tes bagages! s'exclama Marion. Si jamais tu pars une seconde fois pour l'Amérique du Sud, j'espère que tu n'emporteras qu'un sac à dos!

— Les Joslin feraient bien de descendre avant que le bateau ne parte! murmura Bess. On va retirer la passerelle d'une seconde à l'autre. »

Au même instant, Mme Joslin parut, essoufflée et décoiffée. Elle regarda autour d'elle et appela très fort : « Arabella! Arabella! Où es-tu? Descends tout de suite avec nous! »

Elle n'obtint aucune réponse. Un officier se dirigea vers elle :

« Si vous ne prenez pas ce bateau, madame, vous n'avez que le temps de descendre.

— Je ne partirai pas sans ma fille! » hurla Mme Joslin.

En dépit de leurs protestations, elle et son mari furent poussés vers la passerelle que l'on releva derrière eux. Le *Saint Patrick* s'éloigna du quai avec majesté, sous les hourras de la foule.

Alice, Bess et Marion agitèrent leur foulard en

direction de leurs amis restés sur le quai. Bientôt le visage de Ned et des autres se fondirent dans la masse et disparurent.

Les trois jeunes filles s'écartèrent de la rambarde.

« Je me suis bien amusée en voyant Mme Joslin poussée à terre! dit Marion en riant. Par exemple, je me demande ce qu'est devenue Arabella.

— A mon avis, déclara Alice, elle est encore cachée quelque part.

— Tu crois vraiment qu'elle aurait désobéi à sa mère? répliqua Marion, surprise. C'est que Mme Joslin n'est pas commode. Je pense plutôt, moi, qu'Arabella a quitté le bateau toute seule.

— Et moi, je persiste à croire qu'elle est encore ici et se cache! murmura Alice. Elle ne voulait pas renoncer à faire cette croisière. Savez-vous que j'ai de plus en plus envie de la rencontrer? »

CHAPITRE XIII

UNE MAIN DANS L'OMBRE

QUAND la statue de la Liberté se fut estompée au lointain, les voyageuses s'inquiétèrent de leur installation. Après quoi elles remontèrent sur le pont où, bientôt, elles rencontrèrent Mme Perez et un petit groupe de ses élèves. Alice remarqua que la directrice de l'école Franklin avait l'air soucieux. Elle se permit de la questionner gentiment.

« Je suis très ennuyée, en effet, avoua Mme Perez en soupirant. A cause de Mme Joslin. Après avoir insisté pour que vous ne soyez pas des nôtres, elle a décrété, à la dernière minute, qu'Arabella ne resterait pas avec nous.

— Très contrariant, en effet! murmura Alice en se gardant bien de révéler qu'elle était déjà au courant de la situation.

— Mais le pire, c'est qu'Arabella s'est révoltée. Elle s'est enfuie lorsque sa mère lui a enjoint de descendre à terre. Mme Joslin m'a chargée de la retrouver au plus vite et de la confier au pilote qui la ramènera avec lui à New York quand il quittera le bateau. Malheureusement, j'ai eu beau chercher partout, je n'ai pas vu trace d'Arabella... »

Mme Perez jeta un regard de biais à Alice et ajouta avec un rire qui sonnait faux :

« Maintenant... si j'osais vous prier de déployer votre fameux talent de détective...

— Si je vois Arabella, je lui dirai que vous la cherchez », coupa vivement Alice.

Elle devinait en effet que Mme Perez allait lui demander de se mettre en quête de la révoltée, et elle n'avait pas l'intention de servir Mme Joslin. Au contraire, ses sympathies allaient à Arabella qui secouait le joug d'une mère abusive.

« Merci, Alice, dit la directrice de l'école Franklin. A présent, je vais retourner à la cabine d'Arabella. Peut-être y est-elle revenue. »

Tandis que Bess et Marion vidaient leurs valises, Alice fit un tour au grand air. Soudain, elle avisa deux marins qui s'affairaient autour d'une malle qu'ils avaient hissée sur le pont. En se rapprochant, Alice constata avec stupeur qu'il s'agissait de sa propre malle, cerclée de cuivre et marquée à ses initiales. Intriguée, elle se renseigna auprès des marins.

« Cette malle doit être descendue dans la vedette du pilote quand celui-ci quittera le bateau, mademoiselle! répondit l'un des hommes. La jeune fille à qui elle appartient a, paraît-il, renoncé à se rendre à Buenos Aires.

— Par exemple! protesta Alice. Cette malle est à moi et je n'ai pas changé d'avis.

— Dans ce cas, nous avons dû nous tromper de bagage, soupira le marin.

— Je n'ai pas envie de perdre ma malle, ajouta Alice. Tenez, mieux vaut encore que vous la descendiez tout de suite à ma cabine. Comme cela, au moins, je serai tranquille... »

Elle veilla elle-même à ce que les deux hommes exécutassent ses ordres. Puis elle remonta sur le pont, en quête d'Arabella. Ses recherches furent vaines, comme celles de Mme Perez et des officiers de bord auxquels la directrice avait fait appel! Vint le moment où le pilote dut quitter le bord. Arabella demeurait invisible.

« Que dois-je faire? soupira Mme Perez, désespérée. Le pilote refuse d'attendre davantage. Je n'ai même pas réussi à mettre la main sur la malle de mon élève.

— Peut-être a-t-elle quitté le bateau sans être vue?

— Vous le pensez vraiment?

— Non... avoua Alice avec franchise. Pas vraiment. Je crois plutôt qu'elle se cache. Mais vous avez fait votre devoir. Mme Joslin ne peut rien vous reprocher. C'est elle qui a changé ses plans à la dernière minute. C'est donc, elle, la seule responsable.

— Oui. Vous avez raison, Alice. »

Après le départ du pilote, Mme Perez regagna sa cabine. Alice se mit en quête de Blanche-Neige.

Comme elle se dirigeait vers l'endroit où l'on gardait les animaux, elle rencontra Henry Willard qui la salua gaiement et lui demanda si elle avait aperçu Doris.

« Non, répondit Alice. Pas encore. Etes-vous sûr qu'elle soit à bord? »

Une expression consternée se peignit sur le visage du jeune homme.

« Je l'espère bien! Son père m'a affirmé qu'elle faisait cette croisière. Je comptais la surprendre...

— Je souhaite que la surprise ne soit pas pour vous! » murmura Alice, riant sous cape.

Elle rendit visite à sa jolie chatte blanche et put constater que la petite bête était fort bien traitée. La fantaisie lui prit ensuite de rentrer en passant par le pont des troisièmes. Elle ne pensait certes pas y rencontrer quelqu'un de connaissance. Aussi eut-elle un haut-le-corps en voyant soudain, longeant une coursive devant elle, un jeune homme dont la chevelure d'un roux doré et la démarche souple lui parurent familières au premier coup d'œil! Certaine qu'il s'agissait du gibier dont elle avait perdu la trace quelques heures plus tôt à New York, la jeune détective pressa le pas. Entendant marcher derrière lui, le rouquin tourna la tête, vit Alice et s'engagea brusquement dans un couloir latéral. Quand Alice parvint à son tour à la bifurcation, le garçon avait disparu. Elle demanda à un steward qui passait s'il avait aperçu celui qu'elle tentait de joindre.

« Vous voulez sans doute parler de M. Smith! répondit le steward. Je ne vois que lui dans le secteur avec des cheveux roux!... S'il a une moustache? Hum... Je n'en suis pas certain. Mais vous pouvez toujours vérifier par vous-même s'il s'agit bien de la personne que vous cherchez. M. Smith occupe la cabine 572. »

Alice remercia et alla frapper à la porte de la cabine qu'on lui indiquait. Sans succès. Elle frappa plus fort. Encore et encore. Toujours vainement. Ou bien l'occupant de la cabine faisait le mort ou il n'était vraiment pas là.

« D'une manière ou d'une autre, songea Alice, il cherche à m'éviter, c'est l'évidence même! Il doit être persuadé que je veux lui créer des ennuis. Doris Trenton lui aura soufflé cette idée. Mais pourquoi paraît-elle tellement tenir à ce que je n'entre pas en contact avec lui? Elle a certainement une raison cachée, mais laquelle? Oh! j'arriverai bien à le découvrir! »

En attendant, Alice souhaitait plus que jamais avoir un entretien avec le jeune homme roux... Après avoir réfléchi un moment, elle entra dans un petit salon de lecture et s'assit au bureau qui en occupait un coin. Elle prit du papier, un stylo, et rédigea avec soin un billet qu'elle relut attentivement :

A l'occupant de la cabine 572.

Monsieur, si vous avez des cheveux roux, une moustache et si vous êtes bien celui qui a heurté mon cabriolet à River City, voici quelques jours, veuillez entrer en communication avec moi. Je vous dois cinquante dollars sur la somme que vous m'avez donnée pour régler les frais de réparation de ma voiture, et je tiens beaucoup à vous les rendre.

Elle signa en indiquant le numéro de sa propre cabine et mit son message sous enveloppe. Puis elle alla droit à la cabine 572 et, après s'être assurée que personne ne la regardait, elle glissa l'enveloppe sous la porte.

« Et voilà, monsieur Smith! murmura-t-elle en se relevant. J'espère que vous daignerez mordre à l'hameçon! »

Elle venait juste de se redresser quand soudain toutes les lumières de la coursive s'éteignirent. Alice entreprit de trouver son chemin à tâtons.

« Je me demande d'où vient cette panne... », murmura-t-elle.

Tout à coup, dans l'obscurité, une main étrangement froide agrippa la sienne...

CHAPITRE XIV

ALICE VOIT DOUBLE

« Qui est là? » murmura Alice en se dégageant vivement de l'étreinte.

Elle comprit que l'inconnu qui avait saisi sa main dans l'ombre s'éloignait d'elle en silence. Quand les lumières brillèrent de nouveau, personne n'était en vue. Alice, intriguée, se demanda si l'obscurité avait été provoquée à dessein et qui pouvait être le mystérieux étranger. Pourquoi, aussi, s'était-il comporté si bizarrement?

Elle y pensait encore quand elle atteignit la cabine qu'elle partageait avec Bess et Marion. Celles-ci avaient presque terminé leur déballage.

La petite pièce était encombrée de valises et de malles. Arrêtée sur le seuil, Alice se mit à rire.

« Je me demande comment vous faites pour remuer là-dedans! s'écria-t-elle. Il y a des bagages de tous les côtés.

— C'est en partie ta faute! riposta Marion. Tu ne nous avais pas dit que tu avais une seconde malle, aussi encombrante que la première!

— Une seconde malle?

— Dame! La voici! A côté de l'autre! »

Et Marion indiquait, dans un coin, une malle de cabine, en tout point identique à celle offerte par M. Roy à sa fille. Elle était cerclée de cuivre et portait sur le dessus les initiales A. R.

« Ça, par exemple! s'exclama Alice en écarquillant les yeux. Elle ressemble à la mienne de façon extraordinaire!

— Tu veux dire qu'elle n'est pas à toi? demanda Bess.

— Précisément. Et, à les voir côte à côte, je ne sais plus qu'elle est la mienne. Attends que je prenne ma clef! »

Bess examina les deux malles. Elle découvrit, attachée à la poignée de l'une, une étiquette portant le nom de « A. Roddington ».

« Regarde! s'écria-t-elle. Le steward a dû se tromper de cabine en faisant mettre cette malle ici! C'est le nom que nous avions vu sur la liste.

— Je crains, dit Alice ennuyée, que ce soit moi la coupable. J'ai vu deux membres de l'équipage affairés autour de la malle en question. Je leur ai dit de la descendre dans ma cabine, ignorant que la mienne y était déjà. Autrement elle serait partie dans la vedette du pilote.

— Dans ce cas, suggéra Marion, les marins

avaient dû se tromper eux-mêmes et prendre cette malle pour celle d'Arabella. Quel embrouillamini! Enfin! Tu as du moins sauvé les affaires de ce M. A. Roddington. J'espère qu'il t'en sera reconnaissant.

— Je vais signaler l'erreur, annonça Alice. Mais avant, il serait peut-être bon que j'écrive un mot d'explication à l'intention de M. Roddington. »

Quand elle eut achevé le billet, elle l'attacha à la poignée de la malle.

« Tiens, tiens! dit-elle alors. Je viens de faire une découverte... Cette malle n'est pas tout à fait identique à la mienne.

— Comment cela? demanda Bess.

— Vous voyez ce cloutage de cuivre? Eh bien, les clous sont deux fois plus rapprochés que sur ma propre malle.

— Tu as raison. Je ne l'avais pas remarqué.

— Si, M. Roddington et moi, nous mélangeons encore nos bagages, déclara Alice en riant, nous aurons désormais un moyen de les différencier à première vue. Allons, je vais trouver le commissaire! »

Chemin faisant — c'était décidément le jour des rencontres! —, Alice tomba sur Doris Trenton qui, installée dans un fauteuil de pont, contemplait le coucher du soleil. Elle était seule. Son visage s'éclaira à la vue d'Alice.

« Comme je suis contente de voir une figure de connaissance! » s'écria la jeune fille en saluant Alice avec cordialité.

Se rappelant à quel point Doris s'était montrée distante quelque temps plus tôt, la jeune détective trouva étrange un si brusque changement d'attitude. Cependant, elle ne laissa rien paraître de son étonnement. Au contraire, elle répondit aimablement et s'enquit :

« Vous n'avez donc encore rencontré aucun de vos amis, depuis que vous êtes à bord?

— Non, personne. Je crois bien, du reste, ne connaître que vous sur ce bateau. »

Alice fut sur le point de révéler la présence de Henry Willard. Puis elle décida de n'en rien faire. Elle songeait que, lorsque Doris saurait à quoi s'en tenir, elle ne serait sans doute pas contente du petit complot tramé contre elle par son père et son prétendant.

Par la suite, Alice se reprocha de n'avoir pas parlé. Elle aurait pu ainsi épargner une forte émotion à Miss Trenton... Au même instant, en effet, Henry Willard surgit sur le pont. L'air épanoui, il se dirigea droit sur Doris. La jeune fille se redressa sur son siège, devint toute pâle et,

sans un mot, se laissa retomber en arrière, les yeux clos.

« Elle se trouve mal! Vite, un docteur! s'écria Henry, affolé. Faites quelque chose, par pitié!

— Essayez de trouver un médecin! » ordonna Alice d'une voix calme.

Elle ne pensait pas que la défaillance de Doris fût grave, mais elle estimait sage d'éloigner le jeune homme. Il ne fallait pas qu'il soit là quand Doris reviendrait à elle.

Tandis que Henry partait en hâte, Alice, aidée d'une femme de chambre et d'un passager, transporta Doris à sa cabine. Grâce aux soins prodigués, Miss Trenton ne tarda pas à reprendre conscience. Elle regarda autour d'elle d'un air effaré :

« Est-ce... est-il vrai que M. Willard soit à bord? chuchota-t-elle à l'oreille d'Alice. Ou bien ai-je rêvé?

— Vous n'avez pas rêvé. Il espérait vous faire une bonne surprise. »

La femme de chambre et le passager s'étant retirés, Doris éclata en sanglots.

« Oh! murmura-t-elle. Voilà qui ruine tous mes plans! »

Alice attendit la suite mais rien ne vint. Doris demanda simplement que l'on prévînt sa mère de son malaise. Comme Alice partait à la recherche de Mme Trenton, elle se heurta à Henry Willard qui revenait accompagné du médecin du bord.

— Comment va Doris? s'enquit-il d'un air anxieux.

— Beaucoup mieux. Mais de vous voir lui a causé un choc. A votre place, je ne lui parlerais pas pour l'instant.

— Je ne comprends pas pourquoi ma présence

lui déplairait, murmura Henry, perplexe. Enfin, je suivrai votre conseil! »

Tandis que le docteur entrait seul chez Doris, Henry emboîta le pas à Alice. Il éprouvait manifestement le désir de s'épancher.

« Parfois, expliqua-t-il, je n'arrive pas à comprendre Doris du tout. Je finis par me demander si je lui plais vraiment.

— Je n'ai aucun moyen de le savoir.

— Elle essaie si souvent de m'éviter! soupira le jeune homme. M. Trenton a beau prétendre que c'est sa façon d'être, je n'en suis pas tellement certain. J'ai même pensé...

— Oui, quoi donc? demanda Alice en voyant qu'il hésitait à poursuivre.

— Eh bien... C'est peut-être mal de ma part de vous livrer le fond de ma pensée, mais je sais que vous serez discrète... Il m'est arrivé de me demander si M. Trenton n'essayait pas d'arranger un mariage entre Doris et moi... dans l'intérêt de ses propres affaires.

— Avez-vous des raisons de le croire? répliqua Alice, soudain tout oreilles.

— Aucune qui soit certaine, à vrai dire. Mais Trenton m'envoie toujours à droite et à gauche. Il m'encourage à lui laisser la responsabilité de la firme. Doris, au contraire, me pousse à m'intéresser à la bonne marche de la maison. Elle assure qu'elle ne m'épousera que si je prends l'affaire en main et si je travaille comme un esclave!

— Les opinions de la famille semblent assez contradictoires, fit remarquer Alice.

— Contradictoires est le mot. Je finis par ne plus savoir où j'en suis. »

Après avoir quitté le jeune homme, Alice dénicha Mme Trenton et la mit au courant du malaise de sa fille. Puis elle avertit le commissaire de bord de la méprise concernant la malle de M. Roddington. Enfin, elle se rendit au salon pour écrire une lettre à son père. Il ne lui fallut pas moins de huit feuillets pour narrer ses aventures depuis son départ de River City. Elle termina par ces mots :

Je ne sais pas si des mystères m'attendent en Amérique du Sud. Mais j'en ai déjà trouvé deux, fort prometteurs, sur le Saint Patrick.

« Voilà qui va tenir papa en haleine pendant un bout de temps! se dit-elle, amusée, en cachetant sa lettre. J'aimerais bien voir sa tête quand il lira ma prose! »

Alice, cependant, n'avait pas oublié la disparition d'Arabella. Quand elle eut déposé son enveloppe dans la boîte postale du bateau, elle se dirigea vers la cabine de Mme Perez pour lui demander s'il y avait du nouveau...

La directrice vint lui ouvrir en souriant.

« Je venais m'informer au sujet d'Arabella..., commença Alice.

— Arabella est retrouvée! annonça la directrice. Voyez, elle est ici! Mais entrez donc. Je vais vous présenter. »

Alice hésita, incertaine de l'accueil qu'elle allait recevoir.

« Entrez! entrez! insista Mme Perez. J'ai déjà parlé de vous à mon élève. »

La jeune fille brune qui était assise sur la couchette se leva en voyant Alice franchir le seuil. Il était visible qu'elle avait pleuré. Ses cheveux étaient décoiffés. Cependant, même ainsi, elle restait d'une beauté surprenante.

« Arabella, dit Mme Perez en guise de présentation, j'aimerais vous faire connaître Alice Roy.

— Comment allez-vous, Miss Joslin? » demanda poliment Alice.

Par discrétion, elle n'avait pas tendu la main. Arabella, au contraire, avança la sienne dans un élan amical. En même temps elle sourit et rectifia :

« S'il vous plaît, ne m'appelez pas « Miss Jos-« lin ». Je préfère de beaucoup le nom de mon père : Roddington! »

CHAPITRE XV

UNE NOUVELLE AMIE

« RODDINGTON! répéta Alice, stupéfaite. Je croyais que Mme Joslin était votre mère.

— Oui, bien sûr. Mais elle s'est mariée en secondes noces avec M. Joslin, mon beau-père. »

Alice sentit tout de suite qu'Arabella avait fort peu de sympathie pour le mari actuel de sa mère. Elle brûlait d'envie de l'interroger. Elle se retint, à cause de la présence de Mme Perez, et se contenta d'annoncer :

« J'ai un aveu à vous faire. Votre malle se trouve dans ma cabine.

— Elle est encore à bord! s'écria Arabella,

ravie. Quelle chance! Je croyais que mon beau-père avait ordonné de la débarquer! »

Alice la mit au courant des faits.

« Votre erreur me rend bien service, déclara Arabella. Sans vous, je n'aurais rien eu à me mettre sur le dos!

— Vous avez l'intention de poursuivre cette croisière?

— Je pourrai difficilement rentrer à la nage, répliqua la jeune Roddington en riant. Et, une fois à Buenos Aires, je m'emploierai à faire changer ma mère d'avis. »

Mme Perez s'étant absentée quelques minutes, Arabella se laissa aller à d'autres confidences.

« Maman, avoua-t-elle tristement, se soucie assez peu de moi. Elle a beaucoup changé depuis son remariage. Je déteste mon beau-père.

— A quoi ressemble-t-il?

— Il est plus âgé que maman mais paraît beaucoup plus jeune. Il s'habille avec une grande recherche. »

A cette description, Alice comprit qu'elle ne s'était pas trompée : le compagnon habituel de Mme Joslin était bien son mari.

« Je ne veux plus revenir à la maison, dit encore Arabella. J'en ai assez d'être traitée comme un objet dont on dispose. Oh! Miss Roy! Est-ce que vous accepteriez de m'aider?

— Votre mère sera furieuse si elle apprend que je me range à vos côtés.

— Elle s'est montrée injuste à votre égard! s'écria Arabella avec véhémence. Je ne sais pas ce qui lui a pris de se dresser ainsi contre vous! Moi, en tout cas, j'admire beaucoup vos talents de détective. »

Alice, toute réchauffée par ces paroles, ne se laissa cependant pas impressionner. Sans promettre de façon formelle d'aider Arabella, elle s'arrangea pour maintenir la conversation sur le mode amical. Au bout d'un moment, les deux nouvelles amies prirent leurs dispositions pour qu'on transportât la malle d'Arabella dans sa cabine.

Tout en regardant la petite Roddington déballer ses affaires, Alice repéra une marque de fabrique sous le couvercle : « Trenton ». Elle pensa aussitôt que la malle avait dû également être achetée chez Trenton et Willard.

« Où vous êtes-vous procuré cette malle? demanda-t-elle. A River City?

— Je l'ignore. C'est mon beau-père qui me l'a donnée. »

Sans s'attarder sur un sujet qu'elle jugeait de peu d'importance, Arabella demanda à sa compagne où elle comptait descendre à Buenos Aires.

« Avec mes deux amies, répondit Alice, nous logerons chez Mme Purdy, une dame qui habite dans la banlieue de la ville.

— Mme Purdy! répéta Arabella d'un air surpris. Mme Joe Purdy?

— Oui. Pourquoi? Vous la connaissez?

— C'est une amie de ma mère et de Mme Perez. Elles étaient ensemble autrefois en Amérique du Sud.

— Je ne savais pas », murmura Alice.

La nouvelle la prenait au dépourvu. Elle se sentait troublée, pressentant des complications.

Après avoir pris congé de sa nouvelle amie, elle regagna sa cabine et mit Bess et Marion au courant de ce qu'elle avait fait et appris au cours de la dernière heure. Puis ses deux amies l'aidèrent à défaire sa malle. Bess surprit Alice à examiner l'intérieur du couvercle.

« Que regardes-tu là? demanda-t-elle.

— Un nom... que je ne vois du reste pas! La malle d'Arabella porte une marque de fabrique « Trenton ». Je pensais trouver aussi cette marque sur la mienne. »

Le lendemain matin, et en dépit de la résistance de Bess et de Marion, Alice tint à les présenter à Arabella. Immédiatement, les deux cousines oublièrent leurs préventions : Arabella ne ressemblait en rien à sa mère. Bientôt, toutes les quatre bavardaient gaiement comme si elles se connaissaient depuis toujours. Arabella avait prié qu'on l'appelât par son diminutif de Bella. Soudain, alors qu'elles buvaient une tasse de thé sur le pont, Henry Willard parut et se dirigea vers leur groupe. Le jeune homme paraissait si seul et si désemparé qu'Alice l'invita à se joindre à elles.

Arabella et Henry se prirent aussitôt d'amitié l'un pour l'autre. Ils s'absorbèrent si bien dans leur conversation que les trois autres les laissèrent pour aller rendre visite à Blanche-Neige.

Pendant les jours qui suivirent, Alice ne vit pas Doris Trenton. Après sa rencontre surprise avec Henry Willard, Doris avait choisi de rester enfermée dans sa cabine. Elle prétextait un vague mal de mer, mais Alice n'y croyait pas beaucoup.

Au début, Alice avait plaint Henry. Mais maintenant elle voyait qu'il recherchait toutes les occasions de rencontrer Arabella et que les deux jeunes gens semblaient énormément se plaire.

« Voilà encore de nouvelles complications en perspective. Je me demande comment Doris prendra la chose quand elle s'apercevra que Henry se détourne d'elle. »

Par ailleurs, la jeune détective, sa curiosité toujours en éveil, ne cessait de penser à la marque de fabrique que portait la malle d'Arabella. Un jour, sans révéler le fond de sa pensée, elle interrogea Henry.

« Notre marque de fabrique? dit-il. Toutes les malles sortant de chez nous portent l'estampille « Trenton et Willard. »

— Elles ne sont jamais marquées du seul nom de Trenton?

— Non! Cela, j'en suis certain... Mais pourquoi cette question?

— Je pensais que la malle d'Arabella venait de chez vous.

— La malle d'Arabella! »

Un peu ennuyée d'avoir eu la langue trop longue, Alice expliqua qu'elle et Arabella possédaient deux malles vraisemblablement sorties de la même fabrique. Henry parut fort intéressé.

« J'aimerais bien les voir l'une et l'autre, dit-il. Je pourrai vous dire au premier coup d'œil si elles viennent ou non de chez nous. »

Alice ne demandait pas mieux. Arabella ne refusa pas, amusée par cette curiosité. Henry examina consciencieusement les deux bagages.

« Ces deux malles viennent bien, me semble-t-il, de notre maison! déclara-t-il, perplexe. Ce que je ne comprends pas, c'est qu'elles ne portent pas notre estampille. »

Laissant Henry et Arabella, Alice alla rejoindre Bess et Marion. Celle-ci lui fourra une enveloppe fermée dans la main.

« Qu'est-ce que c'est? demanda Alice.

— J'espère que tu nous le diras, répondit Bess. On a glissé ça sous notre porte, il y a cinq minutes à peine. Comme le message t'est adressé, nous t'avons attendue sans l'ouvrir. »

Alice décacheta la missive. Il s'agissait d'une lettre écrite en vers et déclarant que son auteur était prêt à rencontrer Alice et à recevoir cinquante dollars.

« Qu'est-ce que cela signifie? s'écria Bess, stupéfaite.

— Que j'ai sans doute offert ces cinquante dollars à un rouquin qui n'était pas le bon! répondit Alice, navrée. L'occupant de la cabine 572 n'est pas celui que je croyais. J'aurais dû m'en douter quand le steward m'a dit qu'il n'était pas sûr que l'homme que je cherchais avait une moustache. Mon correspondant me déclare qu'il n'en a pas!

— Peut-être l'a-t-il rasée? suggéra Marion. T'est-il venu à l'esprit, Alice, que le garçon dont Doris serait éprise, aux dires de son père, pourrait bien être un criminel quelconque?

— Quelle idée! Explique-toi.

— Eh bien, ce pourrait être par exemple un maître chanteur qui sait, sur Doris, quelque chose que ses parents et Henry Willard doivent ignorer. Aussi, quand il se sert de sa voiture, est-elle obligée de le laisser faire sans protester.

— Voilà qui est plausible, coupa Bess. Et s'il sent que tu es à ses trousses, Alice, il est normal qu'il te fuie.

— S'il s'agit vraiment du jeune homme roux de Doris, il ne me fuit plus puisqu'il accepte de me rencontrer.

— Uniquement pour récupérer ses cinquante

dollars! Il est peut-être à court d'argent en ce moment... »

Alice médita un instant sur cette possibilité. Elle ne savait plus trop que croire.

« Ecoutez, dit-elle au bout d'un moment. Qu'est-ce que vous diriez de faire un peu de travail de détection pour moi? »

CHAPITRE XVI

PÉRIPÉTIES

Bess et Marion ne demandaient pas mieux que d'aider Alice. La jeune détective ne tenait pas à rencontrer son correspondant sans se renseigner plus amplement sur lui. Elle pria ses amies de se rendre dans le secteur des troisièmes, d'y lier connaissance avec le mystérieux rouquin et de lui tirer, si possible, les vers du nez.

Après avoir été absentes trois longues heures, Marion et Bess revinrent sans avoir appris grand-chose : elles ne possédaient pas les qualités de détective de Miss Roy!

« Ton correspondant de la cabine 572 est amusant, déclara Bess en riant. Il semble avoir un urgent besoin de cinquante dollars mais n'a pas du tout l'air d'un escroc.

— Ce que je veux savoir, répliqua Alice, c'est s'il s'agit bien de *mon* garçon roux de River City.

— Nous n'avons pas pu le découvrir!

— Dans ce cas, je garde l'argent. Je ne le remettrai à coup sûr qu'à son propriétaire.

— Sais-tu qui nous avons rencontré sur le pont des troisièmes? dit Marion. Doris Trenton! Bess et moi, nous avons pensé qu'elle voulait prendre l'air sans risquer de rencontrer Henry Willard.

— Elle n'a plus à redouter qu'il l'importune fit remarquer Alice en souriant. Le bel Henry semble avoir un faible pour Arabella. Tous deux ne se quittent plus. Ils vont à la piscine ensemble, dînent ensemble... Je me demande comment cela finira. »

Le temps, cependant, passait rapidement à bord du *Saint Patrick*. Quand le bateau arriva à l'équateur, Alice et ses amies reçurent le baptême de la ligne. Quelques jours plus tard, après une assez longue escale à Rio de Janeiro, la mer devint plus mauvaise. Alors que Marion était en train de soigner Bess, en proie à de fortes nausées, Alice fit irruption dans la cabine.

« Savez-vous la nouvelle? cria-t-elle. Nous venons de recevoir un S.O.S. Notre paquebot se porte au secours d'un cargo qui transporte du bois. Venez vite sur le pont. Le spectacle en vaut la peine!

— Moi, je ne bouge pas d'ici! » protesta Bess.

Alice prit Marion par la main et l'entraîna à sa suite sur le pont. Un vent terrible soufflait.

Inondée par une grosse vague, Marion poussa un cri et battit en retraite. Alice resta seule à surveiller la manœuvre.

Des canots de sauvetage furent descendus à la mer et se dirigèrent vers le *Rex*, le navire en difficulté.

Après avoir abordé le *Rex* et recueilli l'équipage en détresse, les embarcations de sauvetage revinrent vers le *Saint Patrick*. Quelques instants plus tard, tout le monde était à bord. Alice remarqua à quel point les rescapés semblaient éprouvés. Ils ne se consolaient pas de voir sombrer leur bateau.

La veille du jour où le *Saint Patrick* devait toucher Buenos Aires, Alice et ses amies participèrent à une représentation donnée par les passagers au bénéfice des marins du *Rex*. Accompagnées par l'orchestre du bord, toutes trois exécutèrent une danse de claquettes très applaudie.

Fatiguées par leur soirée, Alice et ses amies s'éveillèrent fort tard le lendemain matin. En revanche, Arabella ne ferma pas l'œil de la nuit. Elle était bouleversée par un message, que lui avait envoyé son beau-père. Elle aurait bien aimé discuter de ses soucis avec quelqu'un mais elle était trop timide pour s'y risquer.

« Je me demande si j'oserai demander à Alice Roy de m'aider, se disait-elle. Je me sens tellement seule! Mme Perez ne comprend pas à quel point j'aspire à la liberté... Oui, peut-être m'adresserai-je à Alice! »

Peu après l'heure du petit déjeuner, le *Saint Patrick* arriva en vue de Buenos Aires. Alors qu'Alice était accoudée à la rambarde, elle fut rejointe par Arabella.

« Nous allons bientôt arriver, n'est-ce pas?

— Dans une vingtaine de minutes environ, répondit Alice.

— Je ne sais vraiment pas ce que je dois faire, expliqua avec nervosité la jeune Roddington. Pouvez-vous me donner un conseil?

— Je me garde toujours de conseiller les gens, Bella! Mais vous devez bien avoir, à Buenos Aires, des amis capables de vous aider?

— Personne, en tout cas, auprès de qui je puisse me réfugier. Tout compte fait, il vaudrait peut-être mieux que je reste avec les autres élèves de l'école Franklin comme il avait été prévu initialement.

— Cela me semble fort sage, en effet.

— L'ennuyeux, c'est que mon beau-père saura où je suis en se renseignant sur l'endroit où a été dirigée ma malle.

— Je vois, dit Alice avec sympathie. Et vous n'avez pas l'intention de changer vos plans uniquement pour complaire à ce monsieur? »

Les yeux de Bella lancèrent un éclair de défi.

« Certes pas! Maman n'a pas été raisonnable de vouloir m'interdire cette croisière au dernier moment. Je suis certaine qu'elle a été poussée par mon beau-père. Oh! Alice! Voulez-vous m'aider?

— Oui, mais comment?

— C'est fort simple... »

Arabella parlait soudain avec une telle véhémence qu'Alice la soupçonna d'avoir dressé son plan longtemps à l'avance!

« Voilà... Vous pourriez vous charger de prendre ma malle avec vous. Ainsi, j'aurai les mains libres. Et si je décide de quitter Mme Perez, qui de toute façon renseignera maman à mon sujet, je n'aurai pas à craindre une enquête de mon beau-père. Par la suite, vous pourrez me renvoyer mes affaires. »

Alice jugea la requête puérile. Il serait tout aussi facile et même plus à M. Joslin de retrouver la trace de sa belle-fille que celle de ses bagages. Arabella ne devait pas être dans son état normal. Mais à quoi bon la contrarier? Ce qu'il fallait, avant tout, c'était lui rendre la paix de l'esprit.

« Très bien! dit-elle tout haut. Vous n'aurez qu'à me communiquer votre nouvelle adresse en temps voulu. Je ferai suivre...

— Merci! Merci! murmura Arabella, pleine de gratitude. J'espère pouvoir vous rendre service à mon tour un jour ou l'autre. »

Moins d'une demi-heure après, les passagers s'apprêtèrent à débarquer. Alice se pencha par-dessus la rambarde pour essayer d'apercevoir Mme Purdy. Parmi la foule des gens qui agitaient des mouchoirs et saluaient les arrivants, elle aperçut enfin la silhouette de l'aimable petite femme.

« Madame Purdy! » cria Alice en gesticulant pour attirer son attention.

La jeune femme répondit à son salut et sourit en retour. Alice et ses amies descendirent la passerelle, traversèrent le quai et gagnèrent la douane. Leurs passeports furent examinés rapidement, puis on leur rendit leurs bagages, une fois inspectés.

« Ouf! s'exclama Bess. Nous en avons enfin terminé avec ces ennuyeuses formalités. A nous l'Amérique du Sud!

— Nous aurons peut-être quelque mal à nous débrouiller, fit remarquer Marion. Nous ne parlons pas espagnol.

— C'est vrai, mais l'anglais est une langue internationale. Dépêchons-nous ă présent. »

Les jeunes filles sortirent du bureau de douane et allèrent rejoindre Mme Purdy, qui attendait au-dehors.

« Comme je suis heureuse de vous recevoir chez moi! » déclara l'aimable Sud-Américaine.

Chemin faisant, elle indiqua à ses invitées les monuments célèbres de la ville et les endroits les plus connus. Elle les conduisit aussi à une banque afin qu'elles puissent changer leur argent. Cela fait, le petit groupe se rendit au domicile de Mme Purdy, une jolie maison un peu en dehors de la ville. Le bâtiment, rose et de forme carrée, était agrémenté d'un patio avec un bassin au centre et une profusion de fleurs.

« Comme c'est joli! s'exclama Alice, enchantée.

— C'est notre demeure familiale, expliqua l'hôtesse. Manuela! » appela-t-elle ensuite à haute voix.

Une domestique accourut, empressée et souriante :

« Si, señora? »

Mme Purdy lui parla rapidement, en espagnol, puis se tourna vers les trois amies :

« Manuela prendra soin de vous. Elle parle un peu anglais! » Alice, Bess et Marion furent conduites jusqu'à une grande chambre meublée à l'ancienne mode. Ses fenêtres ouvraient d'une part sur le patio et de l'autre sur un coin de verdure.

Le site était ravissant. Au cours de l'après-midi, les jeunes filles allèrent se promener. Au retour, elles virent que tous leurs bagages, plus la malle d'Arabella, étaient arrivés. Quelques instants plus tard, Arabella elle-même, un peu honteuse d'avoir demandé à Alice un service — à la réflexion, inutile! — téléphona pour s'excuser. Elle donnait sa nouvelle adresse et priait Alice de lui renvoyer ses affaires sans plus tarder.

« De toute façon, mon beau-père arrivera à me joindre s'il le désire!... Mais j'espère avoir une explication avec lui et le convaincre de ne plus me tyranniser! »

Alice n'était pas fâchée d'être débarrassée du souci de la malle d'Arabella.

« Je vais demander à Mme Purdy de me procurer un *cartero*, dit-elle à Marion et à Bess.

— Un quoi?

— Un porteur..., un commissionnaire, si vous préférez! »

Le lendemain, les trois amies sortirent de nouveau. En rentrant, elles virent un taxi arrêté devant la maison.

« Tiens! Mme Purdy a des visites! » murmura Alice.

Comme elles se rapprochaient, un jeune homme sortit rapidement de la demeure et monta dans la voiture qui s'éloigna aussitôt.

« Alice! s'exclama Marion. On dirait bien ton garçon aux cheveux roux!

— Mais oui, c'est lui! s'écria à son tour Alice. Venez vite! Enfin nous allons apprendre qui il est! »

CHAPITRE XVII

LE GARÇON AUX CHEVEUX ROUX

Mme Purdy était assise dans le patio, Blanche-Neige sur les genoux. Elle leva les yeux en voyant les trois amies se précipiter vers elle.

« Qui est ce garçon? demanda Alice, haletante.

— Quel garçon, mon petit?

— Celui qui a des cheveux roux. Nous venons juste de le voir partir en taxi...

— Ah! Vous voulez parler de Harold Sand. C'est un ami. Il habite les Etats-Unis, comme vous.

— Je crois que je l'ai déjà rencontré, dit Alice. A River City même!

— Cela m'étonnerait, répliqua vivement Mme Purdy. Je ne pense pas qu'il ait jamais mis les pieds là-bas. »

Alice ne tenait pas à faire des confidences à son hôtesse au sujet du jeune homme. Elle médita un instant en silence.

Marion vint à la rescousse.

« Est-ce que Harold Sand reviendra vous voir?

— Pour ça, oui. Il loge ici.

— Vous voulez dire... chez vous? Dans votre maison? bégaya Alice qui n'en croyait pas ses oreilles.

— Certainement. Harold est mon hôte au même titre que vous. Je le reçois pendant son séjour à Buenos Aires. Seulement, comme c'est un garçon très indépendant, je l'ai installé de l'autre côté du patio. De cette façon, il peut aller et venir à son aise sans nous déranger et sans être gêné lui-même. Il ne mangera même pas avec nous... »

Mme Purdy fut interrompue par un commissionnaire qui venait enlever la malle d'Arabella.

« Laisse! dit Marion en empêchant Alice de se lever. J'y vais... »

Elle conduisit l'homme à la chambre où se trouvaient côte à côte les deux bagages identiques et lui désigna celui de la jeune Roddington dont elle écrivit l'adresse sur un bout de papier : Arabella logeait dans la rue Alonzo.

Après avoir regardé le commissionnaire s'éloigner avec la malle, Marion alla rejoindre les autres. Mme Purdy s'étant absentée un instant, Alice en profita pour déclarer à ses amies :

« Quelle chance que Harold Sand demeure ici! Voilà l'occasion rêvée de nous renseigner sur lui!

— S'il ne continue pas à nous fuir », ajouta Bess en hochant la tête d'un air de doute.

Quelques instants plus tard, les jeunes filles montèrent à leur chambre. Soudain, Alice poussa une exclamation :

« Le commissionnaire a emporté ma malle! C'est celle de Bella qui est restée!

— Pas possible! s'écria Marion, navrée. Je suis sûre, cependant, de ne pas m'être trompée. C'est bien la tienne que je lui ai désignée. Mais j'ai eu tort de ne pas le surveiller quand il l'a mise sur son dos.

— Il faut tout de suite téléphoner à Bella! » conseilla Bess.

Les trois amies se précipitèrent sur le téléphone. Alice appela la maison de la rue Alonzo où Arabella et les autres élèves de l'école Franklin avaient élu domicile. Après une assez longue attente, ce fut une domestique parlant espagnol qui répondit. Alice dut prier Manuela de servir d'interprète.

« Miss Roddington est absente! annonça Manuela.

— Dans ce cas, transmettez ce message à la personne qui est au bout du fil... Quand le commissionnaire arrivera avec la malle de Miss Roddington, qu'il l'a rapporte ici immédiatement. Il s'est trompé, comprenez-vous? C'est la mienne qu'il a emportée! »

Manuela parla rapidement en espagnol dans l'appareil. Puis elle raccrocha.

Les jeunes filles attendirent toute la journée le retour de la malle d'Alice. Lorsque le crépuscule tomba, elles commencèrent à craindre que leurs ordres n'aient pas été compris. Pour en avoir le cœur net, elles téléphonèrent au commissionnaire dont elles s'étaient procuré l'adresse. L'homme déclara qu'il avait livré la malle rue Alonzo et qu'on ne lui avait transmis aucun message. Alice lui demanda d'aller récupérer sa malle là-bas dès le lendemain matin.

« Quelle salade! murmura Alice à ses camarades. Maintenant, il faut que je téléphone encore à Bella pour lui expliquer...

— Faisons mieux! proposa Bess. Allons la voir. Ainsi, nous lui parlerons directement. »

Comme Mme Purdy ne dînait pas avant huit heures, les trois amies avaient du temps devant elles. Elles se firent conduire en taxi rue Alonzo. Mme Perez et ses élèves venaient précisément de rentrer d'une excursion. Toutes firent fête aux arrivantes. Alice prit Arabella à part.

« La bonne a bien essayé de m'expliquer quelque chose, dit Arabella. Un commissionnaire est venu déposer ma malle. Puis un autre est venu la reprendre.

— Quoi! s'exclama Alice. La malle n'est plus ici?... Quelle misère! Il faut que j'interroge cette bonne! »

Les explications de la domestique furent laborieuses. Alice finit par comprendre que l'homme venu emporter la malle n'était pas un commissionnaire mais un « monsieur », apparemment d'origine espagnole et fort bien habillé.

« S'il a volé la malle, je me demande pourquoi! dit Arabella en gémissant. Il n'y avait dedans que mes affaires! Maintenant, je n'ai plus rien à me mettre sur le dos.

— Ne vous lamentez pas, Bella! soupira Alice. Dans cette histoire, la victime, c'est moi! La malle

Alice prit Arabella à part. →

m'appartenait : le commissionnaire vous l'avait livrée à la place de la vôtre!

— Oh! Et vous voilà privée de vos affaires!

— Seulement de la moitié, car j'avais commencé à déballer.

— Je continue à ne pas comprendre pourquoi on aurait volé ma malle. Elle ne contenait aucun objet de valeur.

— En êtes-vous bien sûre, Bella?

— Mais oui! Et qu'est-ce que le « monsieur espagnol élégant » décrit par la bonne pourrait faire de vêtements à ma taille?

— Je ne pense pas que le voleur ait voulu s'approprier vos effets.

— Que cherchait-il, alors? »

Alice ne pouvait malheureusement pas fournir de réponse à cette question.

« Espérons qu'il s'agit seulement d'une méprise, dit-elle avec un nouveau soupir. En tout cas, si la malle n'est pas revenue demain dans le courant de la matinée, nous serons obligées de faire une déclaration à la police. »

CHAPITRE XVIII

UN INVITÉ BIEN MYSTÉRIEUX

COMME le lendemain, à midi, on était toujours sans nouvelles de la malle disparue, Mme Perez alerta la police. Celle-ci fit une enquête pour la forme, sans laisser grand espoir de retrouver le bagage.

Alice, Bess et Marion apportèrent quelques-uns de ses vêtements à Arabella. Vu les circonstances, on avait décidé de laisser la malle de la jeune fille chez Mme Purdy.

« C'est égal! soupira Mme Perez. Il semble que, depuis le début de la croisière, tout soit allé de mal en pis. Si cela continue, je sens que mes nerfs vont craquer.

— Vous n'avez pas eu de chance jusqu'à présent, admit Alice. Mais ne vous tracassez pas à propos de la malle. Personne n'est à blâmer dans cette lamentable affaire.

— Alice est généreuse, coupa Marion. J'aurais dû être plus attentive quand le *cartero* est venu. »

Alice était en fait plus ennuyée qu'il n'y paraissait.

« Quiconque a volé cette malle a agi délibérément, songeait-elle puisqu'il comptait s'approprier celle de Bella. Mais, une fois l'erreur découverte, pourquoi se soucierait-on de me retourner mon bien? »

Cachant sa contrariété, Alice proposa à Bess et à Marion une longue promenade à travers Buenos Aires. Les jeunes filles visitèrent des musées, admirèrent des monuments, apprenant çà et là quelques phrases d'espagnol... En fin d'après-midi, elles se reposèrent en goûtant dans un salon de thé.

« Etes-vous terriblement fatiguées ou vous reste-t-il encore un peu d'énergie à dépenser? demanda Alice à ses amies.

— J'ai mal aux pieds, mais ma vaillance est intacte! répondit bravement Marion. Voyons! Que proposes-tu?

— Rien de bien palpitant... Je pensais seulement à faire un petit crochet par la rue Alonzo pour bavarder quelques minutes avec Bella.

— Nous avons encore assez de courage pour t'accompagner là-bas », affirma Bess en riant.

Les jeunes filles appelèrent un taxi... Elles trouvèrent Arabella chez elle... Chose curieuse, celle-ci semblait attendre leur visite.

« Je craignais que vous n'ayez pas reçu mon

message, leur dit-elle en les introduisant dans un petit salon.

— Votre message? répéta Alice. Nous n'avons rien reçu pour la bonne raison que nous étions sorties.

— Je vous priais de venir me retrouver le plus vite possible.

— Vous avez récupéré la malle! s'écria Bess, pleine d'espoir.

— Non, mais je pense avoir découvert un indice.

— Expliquez-vous! pria Alice.

— Peut-être ce que je vais vous apprendre n'a-t-il aucun rapport avec le vol. Néanmoins... Dites-moi, Alice, connaissez-vous un certain Harry Halifax?

— Ma foi, non!

— Pourtant, il est venu me voir aujourd'hui et m'a affirmé qu'il vous connaissait.

— Voilà qui est étrange. Je suis certaine de n'avoir jamais entendu prononcer son nom. Peut-être s'agit-il d'un ami de mon père...

— Par ailleurs, il m'a déclaré qu'il connaissait également mon beau-père. Ayant appris mon séjour à Buenos Aires, il était venu, prétendait-il, me faire une visite de politesse. En réalité, j'ai eu l'impression que son seul but était d'obtenir votre adresse, Alice.

— Et la lui avez-vous donnée?

— Non. Son attitude m'a rendue soupçonneuse. Je lui ai dit que j'essaierais de savoir où vous habitiez. Il doit repasser demain après-midi.

— Bravo! approuva Alice. J'aimerais bien le rencontrer.

— Je pense qu'il arrivera vers deux heures.

— Je serai là », promit Alice.

Sur le chemin du retour, elle discuta de la situation avec Bess et Marion. Les deux cousines étaient de son avis : le visiteur de Bella devait être au courant du vol de la malle.

« Mon nom étant écrit sur le bagage, rappela Alice, il était facile au voleur d'en déduire que l'autre malle se trouvait en ma possession.

— Tu crois qu'il va essayer de faire l'échange? demanda Bess.

— Tout au moins de voler la malle de Bella... Mes petites, j'ai une idée!

— Je sens que tu vas nous demander quelque chose! soupira Marion.

— Exactement. J'aimerais que vous m'accompagniez rue Alonzo demain. Vous resterez dans les coulisses pendant l'entrevue. Mais ensuite, quand M. Halifax s'en ira, vous le filerez.

— Nous ne parviendrons qu'à nous perdre dans Buenos Aires, fit remarquer Marion. C'est une si grande ville, et si peu de gens y parlent anglais!

— Peu importe, assura Bess. Nous ferons de notre mieux pour t'aider, Alice. Et Marion ne rouspète que pour la forme. Elle adore participer à tes enquêtes! »

Les trois amies regagnèrent la villa de Mme Purdy juste avant le crépuscule. Alice se précipita la première dans la salle de bain pour y faire sa toilette... mais elle y demeura si longtemps que Bess et Marion protestèrent. Alice sortit enfin en riant, les cheveux encore tout humides.

« Ne me grondez pas! dit-elle. Je regardais

quelqu'un par la fenêtre et cela m'absorbait tellement que j'en ai perdu la notion du temps.

— Qui donc regardais-tu? demanda Bess sans attacher d'importance à la chose. Mme Purdy?

— Non! Mon mystérieux rouquin : Harold Sand! »

Marion considéra son amie d'un air surpris.

« Ma foi, murmura-t-elle, je ne l'ai pas revu depuis l'autre fois. J'ai l'impression qu'il nous fuit.

— C'est également mon avis, assura Alice. Voilà pourquoi, ayant l'occasion de l'étudier, j'étais si intéressée.

— Et que faisait-il?

— Il mangeait un sandwich au bord de la rivière.

— Curieux qu'il ne prenne pas ses repas avec nous! fit remarquer Bess.

— Il est encore là-bas, enchaîna Alice. Je vais m'habiller en vitesse, puis j'irai bavarder un moment avec lui. »

Elle acheva de se sécher les cheveux. Bess soupira :

« Crois-tu vraiment bien faire en allant le retrouver?

— Pourquoi pas?

— Je crains que tu ne puisses rien en tirer. Tu risques seulement de l'effrayer. Il est bien capable dans ce cas de filer loin d'ici... et définitivement.

— Dans le fond, tu n'as pas tort, admit Alice à contrecœur. Dès le début, j'ai compris que Harold Sand m'évitait pour une raison secrète. Sans doute est-il plus sage, en effet, de le laisser en paix, pour l'instant du moins... Avant de l'aborder, je vais me livrer à quelques investigations... »

Les trois amies s'étaient approchées d'une fenêtre. De là, elles voyaient distinctement le jeune rouquin. Il avait fini de manger et fourrait soigneusement dans un sac de papier les reliefs de son repas. Après quoi, il se leva et se mit à longer la berge d'un pas de promeneur.

« Ce garçon est un personnage vraiment mystérieux, fit remarquer Bess. A plusieurs reprises, j'ai parlé de lui à Mme Purdy. Or, j'ai constaté qu'elle faisait toujours dévier la conversation. Il semble qu'elle ne veuille pas aborder son sujet.

— Je me suis fait la même réflexion que toi, avoua Alice.

— Et moi aussi, ajouta Marion. C'est comme si notre hôtesse avait un secret à cacher. Je me demande si elle ne cherche pas à protéger Harold. Mais contre quoi ou contre qui? Voilà la question, comme dirait Hamlet! »

CHAPITRE XIX

ALICE REÇOIT DES NOUVELLES

QUELQUES instants plus tard, au cours du dîner, Alice et ses amies tentèrent, une fois de plus, de faire parler Mme Purdy de Harold Sand. Elles furent interrompues par Manuela qui entrait, porteuse d'un télégramme adressé à Alice.

« Mon Dieu! soupira Bess. J'espère que ce ne sont pas de mauvaises nouvelles! »

Alice prit connaissance du message et sourit.

« C'est de papa! annonça-t-elle. Il est déjà de retour à River City. Tout va bien, mais il m'adresse une requête étrange. Il veut que je lui envoie l'adresse de Henry Willard.

— Tu la connais? s'enquit Marion.

— Hélas! non. Je n'ai pas pensé à demander à Henry où il comptait loger durant son séjour à Buenos Aires.

— Tu devrais te renseigner auprès de Mme Trenton et de Doris, suggéra Bess.

— C'est que je ne sais pas davantage où elles habitent! Elles ont réagi de façon si bizarre quand je leur ai demandé où elles descendaient que je me suis gardée d'insister... L'ennuyeux, c'est que papa n'aurait pas télégraphié d'urgence si l'information qu'il réclame n'était pas importante à ses yeux.

— Qu'allez-vous faire? demanda Mme Purdy.

— Peut-être Arabella sait-elle où joindre Henry!

— Bien sûr! s'écria Bess, soulagée. Henry et elle étaient inséparables sur le bateau. Elle connaît certainement son adresse. »

Comme il ne pouvait être question de retourner en ville ce soir-là, Alice décida d'attendre l'après-midi du lendemain pour interroger Arabella. Elle ferait ainsi d'une pierre deux coups : Henry et M. Halifax. En répondant à son père, elle pourrait lui parler de ce dernier.

Le lendemain matin, au petit déjeuner, Alice fut un peu déçue d'apprendre que Harold Sand était déjà sorti : elle aurait aimé le rencontrer. La matinée s'écoula rapidement. Après le repas de midi, les trois amies se mirent en route pour la rue Alonzo. Comme elles touchaient au but, Bess demanda :

« Qu'attends-tu au juste de Marion et de moi, Alice?

— Je voudrais que vous ne quittiez pas ce taxi.

Quand vous verrez M. Halifax sortir, alors, suivez-le. Tâchez de savoir où il va... »

A peine Alice avait-elle disparu à l'intérieur de l'immeuble où habitait Arabella que M. Halifax arriva à son tour. C'était un homme de bonne mine, âgé d'environ cinquante ans, avec des cheveux gris argent et vêtu comme une gravure de mode.

Arabella et Alice l'attendaient au salon. S'il fut ennuyé de voir Alice, il se garda de le montrer. Au contraire, une fois les présentations faites, il déploya une extrême amabilité à son égard.

« Je vous aurais reconnue n'importe où, ma chère enfant, lui dit-il. Vous êtes le vivant portrait de votre père.

— Vous le connaissez donc bien? demanda Alice.

— Comment! Il ne vous a jamais parlé de moi?

— Non. Pas à ma souvenance.

— Lui, en revanche, m'a souvent parlé de vous, Alice. Lors de mon dernier séjour aux Etats-Unis, il y a une douzaine d'années, vous n'étiez encore qu'une petite fille.

— Mes souvenirs ne remontent pas aussi loin, assura Alice en souriant. Etiez-vous un client de mon père?

— Pas exactement, ma chère petite. Je l'ai aidé dans une délicate affaire avec une maison sud-américaine. Depuis, votre père m'écrit de temps à autre. Je lui procure des informations.

— Je vois, murmura Alice qui commençait à regretter d'avoir jamais douté de la probité de M. Halifax.

— Voulez-vous me donner votre adresse? continua le visiteur en tirant un carnet de sa poche.

Je voudrais garder le contact avec vous pendant votre séjour ici. Ma femme tient à vous inviter à dîner à la maison un de ces soirs prochains. »

Alice ne pouvait refuser sans paraître incorrecte. Elle livra donc l'adresse de Mme Purdy. Peu après, M. Halifax se retira... S'approchant de la fenêtre, Alice le vit monter dans un taxi. Elle tenta de faire signe à Bess et à Marion qu'il était inutile de le suivre, mais ses amies ne l'aperçurent pas : leur véhicule démarra derrière celui de M. Halifax.

« Après tout, se dit alors Alice, cela vaut peut-être mieux? »

La voix d'Arabella l'arracha à ses réflexions.

« Je vois que j'ai eu tort d'être soupçonneuse, Alice! J'aurais dû donner votre adresse la première fois où M. Halifax me l'a demandée, n'est-ce pas?

— Je n'en suis pas si sûre, murmura Alice, perplexe. C'est peut-être moi qui viens d'être imprudente... Mais à propos d'adresse, Bella, avez-vous celle de Henry Willard?

— Hélas, non! Il m'a demandé la mienne. Je pensais qu'il m'appellerait et... il n'en a rien fait!

— Vous n'avez aucune idée de l'endroit où il aurait pu descendre?

— Je me rappelle qu'il avait vaguement parlé de l'hôtel Nacional.

— Il importe que je le joigne au plus vite, expliqua Alice en montrant le télégramme de son père. Tant que j'y pense, Bella! Votre mère vous a-t-elle donné de ses nouvelles?

— Pas le moins du monde. Je trouve même cela assez étonnant...

— Je file pour tenter de trouver Henry! annonça Alice. Voulez-vous venir avec moi, Bella? Cela vous distraira. »

Toutes deux prirent un taxi et se firent conduire à l'hôtel Nacional. Une déception les y attendait : Henry n'y était jamais descendu.

Après avoir déposé Bella rue Alonzo, Alice rentra chez Mme Purdy. Bess et Marion n'étaient pas encore de retour.

« J'espère qu'elles n'ont pas d'ennuis, songea Alice un peu inquiète. Plus j'y pense et plus j'incline à croire que M. Halifax est suspect. Je ne serais pas surprise s'il essayait de mettre la main sur la malle d'Arabella... »

Comme elle traversait le patio, Mme Purdy vint à sa rencontre.

« Il est arrivé quelque chose en votre absence, Alice! Un jeune homme est venu, prétendant que vous aviez téléphoné pour qu'on enlève votre malle qui avait besoin d'être réparée.

— Il ne l'a pas emportée, au moins! s'écria Alice, bouleversée.

— Manuela se disposait à lui remettre l'objet quand je me suis interposée. J'avais l'impression que ce garçon mentait.

— Bien sûr! s'exclama Alice. C'était une ruse pour me voler cette malle. Sans vous, elle était perdue!

— Après, j'ai presque eu des remords en me disant que, peut-être, j'avais agi sottement. Après tout, votre serrure pouvait être détraquée.

— Au contraire, vous avez eu raison. A quoi ressemblait ce jeune homme?

— Oh!... à n'importe quel petit artisan. Mais il s'exprimait un peu trop bien pour quelqu'un de sa condition. C'est même ce qui m'a mis la puce à l'oreille.

— C'est le véritable voleur qui a dû l'envoyer... peut-être M. Halifax.

— M. Halifax?

— Je ne pense pas que vous le connaissiez. Moi-même je l'ai rencontré aujourd'hui pour la première fois. Et j'ai eu la naïveté de lui donner votre adresse.

— Oh! Alice! Vous n'auriez pas dû!

— Bien sûr! Mais, sur le moment, il m'a paru un parfait honnête homme. Il prétendait si bien connaître mon père!

— Toutes ces histoires de malles confondues ou volées m'ennuient énormément, avoua Mme Purdy en soupirant. A mon avis, vous devriez renvoyer la sienne à Miss Roddington avant que d'autres événements déplaisants ne se produisent. Je... j'ai comme un désagréable pressentiment... Je ne sais comment vous expliquer...

— J'espère pouvoir tirer cette affaire au clair d'ici un jour ou deux, déclara Alice. Donnez-moi seulement le temps d'en apprendre un peu plus long sur ce M. Halifax... »

La jeune détective s'interrompit brusquement car, à cet instant précis, un taxi s'arrêta devant la porte. Bess et Marion en descendirent pour courir au-devant de leur amie.

« Vous voilà enfin! s'écria Alice. Rien qu'à vous voir, je devine que vous avez d'importantes révélations à me faire! Allons! Parlez vite! »

CHAPITRE XX

DES INDICES INTÉRESSANTS

« NOUS avons suivi M. Halifax comme tu nous l'avais demandé, expliqua Bess avec animation. Il s'est arrêté en chemin pour téléphoner mais, évidemment, nous ignorons ce qu'il a pu dire. Ensuite il s'est fait conduire aux magasins de « Halifax et Lopès »... Et... je vais bien t'étonner, Alice! Sais-tu ce que font ces gens? Ce sont des fabricants de bagages!

— Tu ne me surprends pas le moins du monde, affirma Alice en souriant. Voyons, qu'avez-vous encore appris?

— Marion et moi, nous avons décidé de voir si ta malle n'était pas là. Comme M. Halifax ne nous connaissait pas, nous sommes entrées hardiment, sous prétexte de choisir une malle. Nous avons passé tous les bagages en revue. Le tien n'était nulle part, je peux te l'assurer.

— Nous n'en avons même pas vu un seul qui lui ressemblât, ajouta Marion.

— Est-ce que la boutique ne possède pas d'atelier de réparations? suggéra Alice.

— Heu... il me semble, en effet. Mais nous n'y sommes pas entrées.

— Autrement dit, vous avez négligé d'inspecter le bon endroit. J'ai idée que ma malle doit s'y trouver. Demain, j'irai voir. »

Alice expliqua ensuite à ses amies qu'on avait tenté de voler celle de Bella.

« Décidément, constata Bess, on y met de l'acharnement. Ce bagage a certainement une valeur cachée... »

C'était aussi l'avis d'Alice et de Marion. Aussi toutes trois se mirent-elles à examiner de près la fameuse malle. Elles la vidèrent entièrement sans rien trouver. Puis elles en explorèrent le couvercle, le fond et les parois. En vain!

« Rien de caché là-dedans! soupira finalement Bess, déçue.

— Ecoutez, dit soudain Alice. Je crois que cette malle est celle qui a été descendue du train à Crestmont. Cela me permet d'imaginer que, si les Joslin l'ont eue en leur possession une journée entière... »

Sans achever sa phrase, elle bondit sur le téléphone et appela Arabella. Quand elle reposa le récepteur, elle rayonnait.

« Bella m'a appris, déclara-t-elle à ses amies, que son beau-père lui avait donné cette malle juste avant son embarquement à New York. Il a insisté pour qu'elle abandonne son ancienne malle et utilise la neuve.

— Bizarre qu'il la lui ait offerte juste à la dernière minute, fit remarquer Marion.

— Oui! Et la seule explication, c'est que les Joslin l'auront gardée tout ce temps parce qu'ils doivent avoir caché quelque chose à l'intérieur.

— Mais nous avons regardé partout sans rien trouver! s'écria Bess.

— Hélas! oui. Mais peut-être n'est-ce qu'une apparence. En tout cas, Bella ne se doute de rien... Elle m'a appris par ailleurs que Mme Perez était si ennuyée de tous ces événements qu'elle avait décidé de quitter Buenos Aires plus tôt et de conduire son groupe d'élèves à Rosario. Bella suivra ses compagnes mais m'enverra son adresse dès qu'elle sera arrivée là-bas. Elle ne m'a rien dit au sujet de sa malle et je n'ai pas parlé de la lui envoyer. »

Quelques instants plus tard, en regardant par la fenêtre Alice eut l'occasion d'apercevoir Harold Sand d'assez près. Il était assis sur un banc, non loin de la maison.

« C'est curieux! songea Alice. Il me semble l'avoir rencontré avant même ce jour où il a heurté ma voiture, à River City. Et pourtant... je ne le reconnais pas vraiment! »

Son regard tomba soudain sur l'appareil photographique de Bess. Cédant à une impulsion, elle s'en empara, sortit de la maison et, dissimulée par des buissons, s'approcha de Harold sans être vue de lui. En silence, elle prit une photo du garçon, puis rentra, satisfaite de sa ruse.

Il restait encore deux heures avant le dîner.

Alice suggéra à ses amies de terminer rapidement la pellicule puis d'aller la faire développer séance tenante...

A peine sorties de la boutique, elles examinèrent les clichés. Le plus intéressant était évidemment celui qui représentait Harold.

« Comme il est naturel! On voit bien qu'il ne se doutait pas de ta présence! s'écria Marion admirative. Cependant, je ne vois pas en quoi cette photo pourra te servir, Alice.

— Etudie le sujet. Tu ne remarques rien?

— Ma foi non!

— Eh bien, moi, si! Les mains... »

Alice n'en dit pas plus long, car on arrivait déjà à la villa de Mme Purdy. Manuela annonça qu'un jeune homme attendait Alice dans le patio.

« Ce ne peut être que Henry Willard! chuchota

la jeune détective à ses compagnes. Je lui avais dit que je logerais chez Mme Purdy, juste avant de quitter le bateau. Quelle chance! Moi qui avais besoin de le voir! »

C'était bien Henry. Alice lui montra le télégramme de M. Roy.

« Je ne comprends pas..., murmura le visiteur en écarquillant les yeux. Pourquoi votre père aurait-il besoin d'entrer en contact avec moi?

— Je n'en sais pas plus long que vous. Peut-être s'agit-il de vos affaires... de votre firme de bagages.

— Mais c'est M. Trenton qui s'occupe de la partie administrative..., qui signe nos contrats commerciaux. Je ne m'en inquiète jamais.

— Mon père n'aurait pas envoyé ce message s'il n'y avait pas urgence, affirma Alice. A votre place, je lui télégraphierais sans attendre.

— Je vais faire mieux! Peut-être réussirai-je à le joindre sur-le-champ par téléphone.

— Parfait! approuva Alice. Vous pouvez l'appeler d'ici même, si vous voulez. »

Une fois le numéro de M. Roy demandé, il ne restait plus qu'à prendre patience et à attendre... Alice s'aperçut soudain que Henry Willard désirait l'entretenir seul à seule. Elle lui facilita la chose en l'invitant à faire un tour au jardin. Dès qu'ils furent hors de portée, Henry déclara :

« Vous devez vous demander pourquoi je suis venu vous rendre visite ce soir! C'est que, voyez-vous, j'ai besoin de vos conseils. »

Alice se mit à rire.

« Des conseils! Je ne sais pas si je suis bien placée pour vous en donner. De quoi s'agit-il?

— Je... je ne sais trop par où commencer,

bégaya Henry avec une soudaine timidité. Vous... vous êtes très liée avec Arabella, n'est-ce pas? Vous êtes amies?

— J'ai beaucoup de sympathie pour elle, répondit Alice avec prudence.

— Avant de la rencontrer, j'étais certain de désirer épouser Doris. Mais à présent... je ne sais plus. Arabella me plaît infiniment... Pensez-vous que cela déclencherait une catastrophe si j'avertissais M. Trenton que je renonce à mes projets matrimoniaux avec sa fille?

— Cela susciterait des difficultés d'une manière ou d'une autre, j'en suis convaincue.

— Un garçon a cependant le droit d'épouser la jeune fille qui lui convient!

— Sans doute. Reste à savoir si Arabella *vous* convient! Peut-être n'est-elle pour vous qu'une toquade.

— Je ne crois pas. Mes sentiments sont sincères.

— A votre place, conseilla Alice, je ne me presserais pas. Ne décidez rien avant quelques jours. Donnez-vous le temps d'étudier à fond le problème... »

Elle fut interrompue par Bess qui, du seuil, annonçait que M. Roy était en ligne. Henry se précipita au téléphone.

Alice resta auprès de lui tandis qu'il parlait à l'avocat, mais la conversation ne l'éclaira pas beaucoup, d'abord parce qu'elle n'entendait pas ce que disait son père, ensuite parce que les réponses de Henry se bornaient à « oui » et à « non ». Elle remarqua cependant que le jeune homme avait pâli et que son visage offrait une expression de gravité inhabituelle. A la fin, il tendit le combiné à Alice afin qu'elle pût échanger quelques mots avec son père.

« Alors, ma chérie, t'amuses-tu bien?

— Merveilleusement bien, papa... Sais-tu que j'ai rencontré un ami à toi aujourd'hui? Un certain Harry Halifax!

— Jamais entendu parler!

— Il ne t'a jamais aidé dans aucune affaire?

— Certainement pas... Alice, voici une nouvelle qui va t'intéresser : Mme Joslin a été prise aujourd'hui même en train de voler un collier de diamants dans une bijouterie de Boston!

— On l'a arrêtée?

— Non. Elle a réussi à faire admettre qu'il s'agissait d'une erreur.

— Une erreur! s'écria Alice, indignée. Sans doute la même que celle de New York! Il faut que je te raconte, papa...

— Plus tard, ma chérie! coupa M. Roy avec un petit rire amusé. Plus tard... quand nos conversations seront moins coûteuses que celle-ci. Allons, au revoir, mon petit. Continue à bien profiter de ton séjour. »

Et il raccrocha.

CHAPITRE XXI

ENQUÊTES

ALICE se tourna vers Henry Willard. Effondré dans un fauteuil, il semblait bouleversé.

« Mauvaises nouvelles? s'enquit-elle avec bonté.

— Votre père me demande de rentrer aux Etats-Unis sans perdre une minute. Cela contrarie mes plans. Je dois partir, hélas! M. Roy, en examinant les papiers de la firme, a découvert certaines choses qui ne lui plaisent pas du tout. Ma présence est indispensable là-bas..., et de toute urgence, paraît-il.

— Papa n'insisterait pas pour que vous rentriez si la question n'était pas d'importance vitale.

— Je m'en rends compte! soupira Henry d'un air lugubre. L'ennuyeux, c'est que, si je pars maintenant, je ne reverrai pas Bella. Et j'avais espéré... enfin, vous comprenez! »

Au fond d'elle-même, Alice était persuadée que le jeune homme n'éprouvait qu'un sentiment superficiel pour Arabella. Peut-être valait-il mieux qu'il s'en trouvât séparé par les circonstances. Il verrait ainsi plus clair en lui-même.

« Téléphonez à Bella avant de vous embarquer, conseilla-t-elle pourtant. Et ensuite, si vos sentiments résistent à la séparation, vous pourrez toujours la rejoindre! »

Henry remercia Alice de sa sympathie et se hâta de partir. La jeune détective poussa un soupir de soulagement. Bess et Marion vinrent la retrouver. Elles brandissaient l'instantané représentant Harold Sand.

« Qu'allais-tu nous dire au sujet de cette photo quand tu as été interrompue, Alice? demanda Bess en étudiant une fois de plus le cliché.

— J'allais dire quelque chose, moi? fit Alice d'un air innocent.

— Tu as fait allusion aux mains de ton suspect.

— Vraiment?... Et vous n'avez rien remarqué vous-mêmes?

— Rien de rien. Allons, parle, Alice! En quoi cette photo peut-elle nous aider?

— A moins que je ne me trompe lourdement, elle nous permet de percer l'identité de M. Sand.

— Son identité! s'exclama Bess ébahie. Veux-tu dire que M. Sand n'est pas M. Sand?

— Je pense qu'il est temps que tu nous éclaires, ajouta Marion, en trahissant quelque irritation. Si tu sais vraiment quelque chose, ne nous laisse plus tâtonner dans l'obscurité!

— Très bien! Vous saurez tout la prochaine fois que nous rencontrerons Harold! promit Alice. La plaisanterie n'a du reste que trop duré!

— Essayons de le voir maintenant! » proposa Bess.

Mais c'est en vain que les trois amies frappèrent à la porte du jeune homme. Il était absent et ne revint pas de la soirée. Le lendemain, au petit déjeuner, Manuela apprit au trio qu'il n'était pas rentré de la nuit.

« Peut-être est-il parti définitivement, murmura Marion. Alice, mets-nous donc au courant de ce que tu as découvert.

— Il est possible que je me trompe. Aussi je préfère attendre son retour.

— Mais si nous ne le revoyons plus? insista Marion.

— Nous le reverrons, soyez-en certaines! » affirma Alice avec un sourire.

Cependant, la matinée s'écoula sans que Harold Sand revînt. Après le repas de midi, Alice annonça à ses camarades qu'elle se proposait d'aller en ville pour visiter le magasin de bagages « Halifax et Lopès ».

— Nous t'accompagnons? » proposa immédiatement Bess.

Alice secoua la tête.

« Non! Les employés se rappelleraient vous avoir vues hier. Cela leur mettrait la puce à l'oreille. Bien entendu, je suis connue de M. Halifax. Mais j'espère me débrouiller pour ne pas le rencontrer.

— Je crains que tu n'ailles te fourrer dans un guêpier! murmura Bess un instant plus tard en accompagnant Alice jusqu'au taxi. Marion et moi, nous ne respirerons pas tant que tu ne seras pas rentrée. »

Alice ne partageait pas les inquiétudes de ses amies. Elle pensait que le fait de s'assurer si sa malle était ou non chez « Halifax et Lopès » ne présentait aucune difficulté. Aussi fut-elle très ennuyée, en arrivant devant le magasin, de constater qu'un homme, debout derrière la vitrine, la regardait. Le temps de régler son taxi et, quand elle se retourna, l'homme avait disparu. Mais lorsqu'elle tenta de pousser la porte de la boutique, elle la trouva fermée.

« J'ai été reconnue par M. Halifax, se dit-elle, très ennuyée. Il craint que, si je pénètre chez lui, je ne découvre quelque chose. »

La jeune détective n'en fut que plus persuadée que sa malle était bel et bien dans le magasin. Elle eut alors recours à une ruse. Feignant d'abandonner la partie, elle descendit la rue jusqu'au coin. Une fois là, elle tourna dans une ruelle et revint jusqu'à la boutique suspecte, mais en l'abordant par-derrière. Elle découvrit une petite porte dont le loquet céda sous sa pression. Sans bruit, Alice se glissa à l'intérieur du bâtiment.

Elle se trouva alors dans une vaste réserve de cartons vides. A pas prudents, elle se dirigea vers le magasin. Il était désert, mais un bruit de voix s'élevait derrière une cloison. Alice se félicita que ses amies aient déjà inspecté les lieux et contrôlé les bagages exposés : ainsi, elle gagnait du temps. Elle se glissa dans la pièce voisine qui était l'atelier de réparations. Il n'y avait que trois malles, dont aucune n'était la sienne.

« Mes suppositions étaient fausses, se dit-elle, déçue. Maintenant, il s'agit de filer sans être vue! »

Dans sa hâte à quitter le bâtiment, Alice heurta au passage une pile de valises en équilibre instable. Avant même de pouvoir faire quoi que ce soit, elle vit les bagages dégringoler. L'un d'eux tomba sur elle et la frappa à la tête. Assommée, la jeune détective s'effondra, sans un cri.

Bien plus tard, quand Alice ouvrit les yeux, ce fut pour constater que la pièce était plongée dans l'obscurité. Elle se redressa péniblement et frotta son front contusionné. Durant quelques secondes, elle fut incapable de se rappeler ce qui était arrivé. Puis la mémoire lui revint. Elle prit de nouveau conscience des voix qui parlaient non loin d'elle.

Deux hommes étaient là, derrière la porte de ce qui semblait être un bureau. Ils discutaient avec animation. Alice tressaillit en reconnaissant soudain la voix de M. Halifax.

« Il faut absolument nous procurer la malle de cette fille, disait-il. Compris? Votre ami américain a saboté le travail dès l'instant où ce maudit bagage a été à bord du *Saint Patrick*.

— Cela, je vous l'accorde, répondit une autre voix à l'accent étranger. Cette fois-ci, nous agirons nous-mêmes. »

Le second interlocuteur était-il le señor Lopès?... Alice entendit une porte extérieure s'ouvrir puis se refermer. Elle comprit que les deux hommes étaient partis.

Au bout d'un moment, elle acheva de se mettre

debout. Encore un peu étourdie, elle dut s'appuyer contre un meuble.

« Voyons, murmura-t-elle. De quelle malle était-il question?... De la mienne ou de celle de Bella... Plus probablement de la seconde... »

En vacillant, la jeune détective se dirigea vers la vitrine du magasin et regarda dans la rue. Harry Halifax et son compagnon avaient disparu.

« Si seulement je savais où ils sont allés! songea Alice. S'ils ont raté leur coup, je peux dire que moi aussi, j'ai raté le mien! Comme « travail saboté », on ne fait pas mieux!

Son dépit s'accrût lorsque, après avoir atteint la porte d'entrée, elle la trouva fermée à double tour. Les fenêtres étaient fermées également et protégées par des grilles de fer : impossible de sortir par là!

Nouvelle déception en ce qui concernait la porte de derrière : elle aussi était fermée à clef. Alice était prise au piège!

« Je crierais bien au secours! se dit-elle. Mais la police serait capable de me fourrer en prison. Après tout, je me suis introduite ici de façon illégale!... Enfin, ne perdons pas notre temps! Profitons de la situation et fouillons un peu les papiers de M. Halifax! Nous y découvrirons peut-être des indices intéressants! »

Mais, décidément, la chance était contre Alice, ce soir-là! La porte du bureau de M. Halifax se trouva verrouillée comme toutes les autres.

« Voilà bien ma veine! soupira Alice en se laissant tomber sur un siège. J'espérais aussi dénicher un téléphone dans ce bureau... J'aurais pu alerter Bess et Marion qui seraient venues me délivrer... »

Une pendule sonna quelque part. Neuf heures! Chez Mme Purdy, le dîner s'achevait. Alice se doutait bien qu'on devait s'inquiéter de son absence. Si seulement ses amies avaient la bonne idée de partir à sa recherche! Enfin, il n'y avait qu'à attendre...

Un peu réconfortée par l'espoir d'une prochaine libération, Alice décida d'occuper son temps en passant en revue les indices qu'elle possédait déjà concernant l'énigme des deux malles. Soudain, elle se rappela une scène..., un incident qui était certainement lié à l'affaire. Avec un cri de joie, elle sauta sur ses pieds. Comment n'y avait-elle pas pensé plus tôt? Elle croyait savoir désormais où se trouvait la malle disparue... Elle résolut de tenter un dernier effort pour sortir.

Au moment où elle atteignait la porte, elle entendit du bruit derrière elle. En proie à une brusque défaillance, elle tomba par terre, évanouie.

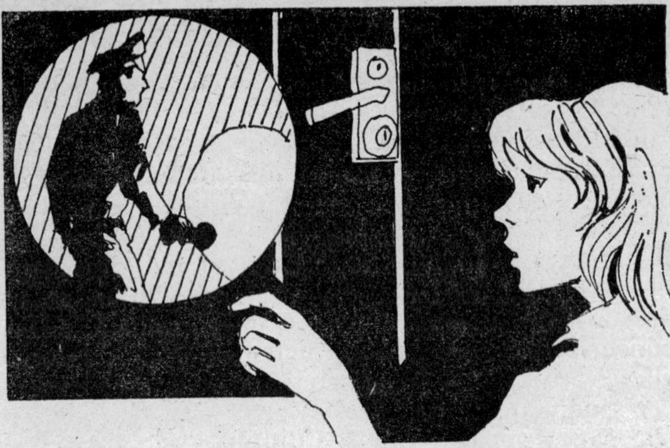

CHAPITRE XXII

LES DÉCOUVERTES D'ALICE

Alice avait raison de supposer que ses amies s'inquiétaient pour elle. A l'heure du dîner, comme elle n'était pas rentrée, Bess déclara :

« Si elle avait été simplement retardée, elle nous aurait téléphoné pour nous prévenir. »

Mme Purdy, ayant appris qu'Alice était allée visiter le magasin « Halifax et Lopès », insista pour qu'on se rendît là-bas d'urgence.

« Il est tard! Tout est bouclé! murmura Marion lorsque les trois amies se trouvèrent devant la boutique close. Alice n'est certainement plus ici!

— Dans ce cas, comme je suis responsable

d'elle, répliqua Mme Purdy, je vais sans plus attendre alerter la police. »

Avec les jeunes filles, elle se rendit à un commissariat où elle donna une description détaillée de la disparue. Il n'y avait plus rien à faire qu'à attendre. La nuit s'écoula, interminable. A la villa, personne ne dormit. Mme Purdy prépara du café très fort. Marion arpentait les pièces en un va-et-vient incessant. Bess pleurait et courait à la porte chaque fois qu'un moteur de voiture ronronnait au-dehors.

« Quatre heures! annonça-t-elle soudain. Le jour va bientôt se lever. Que ferons-nous si la police ne réussit pas à...? »

Elle s'interrompit net. Un taxi venait de s'arrêter devant la maison.

« C'est Alice! » s'écria Bess.

Ce fut une ruée générale vers la porte. La minute suivante, Alice, lasse et échevelée, passait de bras en bras.

« D'où viens-tu? Raconte! firent en chœur Bess et Marion d'un ton suppliant.

— Vous aviez raison de penser que j'allais me fourrer dans un guêpier, soupira Alice. Enfin, me voici saine et sauve. Donnez-moi le temps de prendre un bain et je vous dirai tout... »

Quand elle fut prête, elle relata son aventure.

« J'allais faire une dernière tentative pour sortir, expliqua-t-elle pour terminer, quand j'ai entendu un bruit derrière moi. J'ai cru que quelqu'un me guettait dans l'ombre et je me suis bêtement évanouie. Le coup reçu sur la tête avait dû m'éprouver plus que je ne le pensais. Je ne suis revenue à moi que vers les trois heures du matin. J'étais sur le plancher, à l'endroit même où j'étais tombée. Peu après, j'ai aperçu un veilleur de nuit en train de faire sa ronde. Alors, j'ai gratté à la porte à la manière d'un animal qui demande à sortir. L'homme a ouvert avec son passe...

— T'a-t-il posé beaucoup de questions? s'enquit Bess.

— Il ne m'a pas vue, déclara Alice en riant. Je me suis faufilée dehors tandis qu'il entrait dans le magasin pour voir quelle sorte d'animal avait gratté à l'intérieur. »

Un peu plus tard, quand Mme Purdy se fut retirée pour prendre un peu de repos, Alice confia à ses amies :

« Je ne regrette pas ma mésaventure car, au bout du compte, si je n'ai pas récupéré ma malle, je crois du moins savoir où elle se trouve...

— Où donc?

— Vous rappelez-vous la fois où j'étais auprès de M. Joslin, à la poste, quand il envoyait un télégramme?

— Oui, dit Bess. Seulement, à l'époque, nous ignorions encore son identité. Le télégramme portait ton nom et la date de ton départ : « *Roy La Plata samedi* »!

— Plus tard, à New York, j'ai revu M. Joslin, enchaîna Alice. Et il envoyait un autre message contenant, cette fois, les noms de Lopès et Imperio.

— Tu crois donc que le beau-père de Bella est en relation avec Halifax et Lopès? demanda Marion.

— Oui.

— Mais que signifie « Imperio » à ton avis? »

Alice prit un annuaire téléphonique qu'elle feuilleta.

« Regarde! Hôtel Imperio... Si mon raisonnement est juste, nous découvririons que M. Lopès et peut-être aussi M. Halifax demeurent à cette adresse. L'idée m'est brusquement venue que les deux hommes pouvaient garder ma malle à leur domicile. Or, ils logent à l'hôtel... et c'est là que je vais aller poursuivre mon enquête!... Je préviendrais bien la police mais je manque de preuves pour la convaincre.

— Je t'en prie, ne va pas seule là-bas! s'écria Marion. Bess et moi, nous t'accompagnerons! »

Peu après neuf heures du matin, les trois amies se mirent en route. Alice aborda le réceptionniste et le questionna habilement. Elle apprit ainsi que, si M. Halifax n'habitait pas l'hôtel Imperio, M. Lopès y résidait de façon permanente.

« Malheureusement, dit l'employé, ce monsieur vient de s'absenter pour quelques jours. »

Alice feignit d'être navrée de l'avoir manqué et se débrouilla pour connaître le numéro de sa chambre... Un instant plus tard, profitant d'une courte absence du réceptionniste, elle décrocha la clef de M. Lopès au tableau...

Laissant ses amies dans le hall, la jeune détective monta alors rapidement jusqu'au troisième étage. La clef portant l'étiquette 369 tremblait un peu dans sa main. Pourtant, elle n'hésita pas. Elle voulait savoir à tout prix...

Par bonheur, le couloir était désert à ce moment-là.

« Je parie que la malle qu'on m'a volée est derrière cette porte! » murmura Alice introduisant la clef dans la serrure...

Une fois dans la place, elle s'immobilisa, le souffle court. M. Lopès occupait, non pas une simple chambre, mais un des appartements les plus luxueux de l'hôtel. Une moquette épaisse feutrait les pas dans les trois pièces en enfiladc. Le mobilier semblait aussi confortable que moderne.

« Eh bien! murmura Alice, impressionnée. Si M. Lopès est bien mon voleur, on ne peut pas dire que ce soit la pauvreté qui l'ait poussé! »

Dans la chambre à coucher, la première chose que la jeune détective aperçut fut bel et bien la malle cerclée de cuivre portant ses initiales.

« C'est la mienne! Aucun doute! » dit-elle à mi-voix sur un ton de triomphe.

A ce moment un bruit derrière son dos, la fit sursauter.

« Oh! Vous m'avez fait peur! chuchota-t-elle en reconnaissant Bess et Marion.

— Nous avons préféré te rejoindre... au cas où

« C'est la mienne! Aucun doute ! » →

il y aurait eu danger! répondit Marion. Oh! Ta malle... Vas-tu téléphoner à la police?

— Non. J'ai d'autres projets. »

La malle était grande ouverte. A première vue, il parut à Alice qu'aucun de ses effets n'avait été déplacé. En y regardant de plus près, toutefois, elle s'aperçut qu'on y avait touché. Elle sortit un pull-over, puis tira une écharpe de soie. Celle-ci se déroula et un objet tomba à terre.

« Un bracelet! s'exclama Marion en le ramassant. Tu aurais dû le ranger autre part, Alice!

— Ce bijou ne m'appartient pas, affirma Alice sans avoir l'air surpris.

— Dans ce cas, comment se trouve-t-il là? demanda Bess. Crois-tu que ce soit M. Lopès qui l'ait glissé dans ta malle?

— J'en suis à peu près certaine... Voyons ce bracelet... Hum! On dirait un bijou de valeur. Ces pierres rouges pourraient bien être des rubis. Et les autres sont vraisemblablement des diamants.

— Emporte ce bracelet comme preuve, suggéra Marion. Et dépêchons-nous de filer d'ici!

— Pour rien au monde je ne voudrais transporter ce bracelet sur moi, déclara Alice.

— Tu penses que c'est un objet volé?

— Oui. Mieux vaut le laisser où nous l'avons trouvé! »

Alice remit vivement le bracelet en place, à l'intérieur de l'écharpe. Puis elle quitta l'appartement de M. Lopès et eut la chance de pouvoir remettre la clef au tableau sans attirer l'attention du réceptionniste.

« Et maintenant, où allons-nous? s'enquit Bess tandis que ses amies faisaient signe à un taxi.

— Nous rentrons, répondit Alice. Je veux examiner une fois de plus la malle de Bella.

— Mais nous l'avons déjà explorée de fond en comble!

— Peut-être quelque chose nous a-t-il échappé... Je veux en avoir le cœur net. »

Quand les trois amies arrivèrent à la villa, Mme Purdy leur apprit que Mme Trenton avait téléphoné en leur absence. La mère de Doris avait laissé son adresse en priant Alice de l'appeler dès son retour si cela ne l'ennuyait pas.

« Peut-être s'agit-il d'une chose urgente, émit Mme Purdy. A votre place, je lui téléphonerais immédiatement.

— C'est bien mon intention. Voici plusieurs jours déjà que je désirais moi-même lui parler... »

Mme Trenton répondit aussitôt. Elle demanda à Alice de venir la voir dès que possible, mais sans rien trahir à l'avance de ce qu'elle comptait lui révéler. Alice promit. En attendant, elle demanda à son interlocutrice des nouvelles de Doris. Mme Trenton déclara que sa fille était sortie pour rendre visite à des amis.

« Quand elle sera de retour, dit Alice, j'aimerais que vous lui transmettiez ce message : Henry Willard, que j'ai vu hier soir, a dû rentrer d'urgence aux Etats-Unis.

— Il est reparti? Mais pourquoi? bégaya Mme Trenton à l'autre bout du fil.

— A cause de ses affaires, je crois! »

Une exclamation apeurée échappa à Mme Trenton qui remercia d'une voix tremblante avant de raccrocher.

« Le départ de Henry l'a bouleversée, annonça Alice à ses amies. De toute évidence, il n'a rien dit de ses projets à Doris! Et maintenant, allons examiner la malle de Bella! »

Mais c'est en vain que les jeunes filles inventorièrent le bagage une fois de plus : il semblait vraiment sans mystère.

« Que comptais-tu au juste y trouver, Alice? demanda Bess. Crois-tu que Bella aurait dissimulé, elle aussi, un bijou de valeur dans ses affaires? »

Avant qu'Alice ait eu le temps de répondre, Manuela frappa à la porte et chuchota d'un air mystérieux :

« Il est rentré, vous savez!

— *Qui* est rentré?

— Señor Sand! Vous le cherchiez, non?

— Merci de l'avoir trouvé pour nous! répondit Alice en riant.

— Si vous voulez le voir, il est dans sa chambre! » ajouta la domestique avant de disparaître.

« Harold Sand! s'écria Bess quand la porte se fut refermée sur Manuela. Encore un mystère à ajouter aux autres! »

Alice rabattit le couvercle de la malle de Bella et se redressa.

« Non, Bess. Tu fais erreur. Harold Sand n'est plus un mystère pour moi. Suivez-moi toutes les deux et je vais vous le prouver... »

CHAPITRE XXIII

RÔDEURS DE NUIT

UNE fois arrivée devant la porte de Harold, Alice frappa hardiment. Comme elle n'obtenait pas de réponse, elle usa de ruse. Imitant Manuela, elle appela :

« Señor Sand! Señora Purdy voudrait vous voir! »

La porte s'ouvrit aussitôt. Avant que Harold Sand ait pu protester, Alice, suivie de ses amies, pénétra chez lui.

« Bonjour, mademoiselle Trenton! » lança la jeune détective de façon tout à fait inattendue. Et, traversant la pièce, elle alla s'asseoir dans un fauteuil... Bess et Marion la regardèrent comme si elle avait perdu l'esprit.

« Je... vous... Vous faites erreur, bégaya le jeune homme.

— Inutile de feindre plus longtemps, Doris! coupa Alice. Je vous ai devinée sous votre fausse identité. Allons, ôtez vite cette perruque! »

Les deux antagonistes se défiaient du regard. Harold fut le premier à baisser les yeux.

« Très bien, Alice. Vous avez gagné. J'aurais dû me douter que vous ne seriez pas facile à tromper. »

Bess et Marion étaient stupéfaites du changement de voix. Elles le furent plus encore en voyant Doris Trenton retirer sa perruque masculine.

« Il faudra que je trouve un autre moyen pour dépister Henry Willard! soupira Doris. Fin de mon petit jeu!

— Navrée d'avoir gâché votre plaisir, répliqua Alice, mais désormais vous n'avez plus besoin de vous cacher de Henry. Il est reparti pour les Etats-Unis.

— Comment! Sans rien m'en dire! s'écria Doris dont la voix trahit un mélange de soulagement et de contrariété. Quel toupet! »

Alice sourit et fit remarquer avec malice :

« Peut-être vous a-t-il oubliée pour quelqu'un d'autre! Cela vous ennuierait-il?

— Ma foi... je n'en sais rien, avoua Doris. Papa insistait toujours pour que j'épouse Henry. Peut-être est-ce la raison pour laquelle j'étais si rétive.

— Pourquoi viviez-vous ici sous un déguisement? demanda Bess qui ne comprenait pas encore.

— Je pensais y être bien cachée. Mme Purdy est une amie à moi. Elle m'avait promis le secret.

Je croyais mon déguisement très habile... Comment avez-vous deviné, Alice...?

— C'est une photo qui vous a trahie. J'ai pris un cliché de vous sans que vous vous en doutiez. Vous étiez assise, avec les mains sur vos genoux selon votre habitude. Ce geste familier a été une révélation pour moi!

— Nous pensions que Harold Sand était un jeune homme dont vous étiez éprise », expliqua Bess un peu étourdiment.

Alice décida qu'il valait mieux expliquer franchement à Doris qu'on l'avait chargée d'entrer dans ses bonnes grâces pour la dissuader d'un mariage hâtif avec un rival possible de Henry Willard. A cette révélation, Doris se mit à rire de bon cœur :

« Il n'a jamais été question que j'épouse quelqu'un d'autre! déclara-t-elle. Quelle idée! Je reconnais bien là l'imagination paternelle! » Mais quand Alice parla de l'appel téléphonique de Mme Trenton, Doris cessa de rire et se mit à endosser en hâte des vêtements féminins.

« Je dois retourner tout de suite auprès de maman! dit-elle. Le départ de Henry a dû la bouleverser. Voulez-vous venir avec moi? »

Alice et ses amies ne demandaient pas mieux. Elles trouvèrent Mme Trenton en larmes. C'est en vain que sa fille tenta de calmer la pauvre femme.

« Non, non, soupirait-elle à travers ses pleurs. On ne peut plus rien faire à présent pour sortir de cette terrible situation. Toute l'histoire va devenir publique. Nous serons déshonorés! »

Elle semblait oublier que Doris n'était pas le seul témoin de son désespoir.

« Tais-toi donc, maman...

— Non! Inutile d'essayer de me réconforter, ma pauvre petite. Maintenant que Henry a été rappelé là-bas, il va découvrir la vérité. C'est épouvantable! »

Alice jugea qu'il était temps d'intervenir.

« Madame Trenton, demanda-t-elle d'une voix calme, comment avez-vous appris que la firme de votre mari était dans une situation financière délicate? Vous l'a-t-il dit lui-même?

— Oh! non! répondit la pauvre femme sans même s'étonner de la question. C'est Doris qui s'en est aperçue. Elle a examiné les livres de compte et les registres relatifs aux stocks de bagages... »

Doris jugea inutile de se taire plus longtemps.

« C'est vrai, avoua-t-elle à contrecœur. J'ai découvert que papa avait essayé de boucher les trous en vendant au prix fort des marchandises

de qualité inférieure. Il devait être réduit aux abois par quelque créancier exigeant. J'ai craint que Henry ne soit qu'un pion sur l'échiquier. J'ai eu peur... Alors, j'ai entrepris de mener une petite enquête, en me cachant, bien entendu, de mon père! Je circulais sous un déguisement chaque fois que c'était nécessaire. Le jour où j'ai tamponné votre voiture, j'étais sur une piste. J'avais appris que notre maison était en relation d'affaires avec d'autres firmes d'Amérique du Sud. J'ai craint que vous ne découvriez que j'étais une fille.

— Ce qui ne vous a pas empêchée de venir vous installer chez Mme Purdy.

— Je ne pensais pas vous y rencontrer. Ensuite, il était trop tard pour changer mes plans. Je me suis contentée de vous fuir le plus possible.

— Savez-vous que Doris a appris beaucoup de choses depuis qu'elle est à Buenos Aires? coupa Mme Trenton en revenant au sujet qui la tourmentait. Elle a visité plusieurs maisons de bagages. Le propriétaire de l'une d'elles a paru effrayé quand elle a prononcé le nom de la nôtre.

— Il s'agit de « Halifax et Lopès », sans doute?

— Oui. Comment le savez-vous?

— Moi aussi, j'ai appris pas mal de choses... Au fait, M. Trenton a-t-il jamais eu affaire à un nommé Joslin?

— Il me semble que oui. Cet homme a très mauvaise réputation, n'est-ce pas? Je crains qu'il n'ait entraîné mon mari à mal faire. Quand Henry saura la vérité, il fera jeter ton père en prison, Doris!

— Je suis sûre que papa a eu la main forcée!

protesta Doris avec véhémence. Et j'espère qu'il pourra en faire la preuve. Pourtant, si le scandale éclate, notre réputation en souffrira, c'est certain.

— Vous ne serez pas seules à pâtir, avança Alice. Arabella, de son côté, semble ignorer que son beau-père est mêlé à une histoire louche.

— Et la pauvre Mme Purdy, ajouta Bess. Elle et Mme Joslin sont très amies.

— N'oublions pas non plus Mme Perez, rappela Marion. Quelles complications! Mon Dieu! Si cela pouvait s'arranger!

— Je vous promets de faire mon possible pour qu'il en soit ainsi! déclara Alice à Mme Trenton et à sa fille.

— Merci, murmura Doris. Je sais que je peux compter sur vous! »

Entraînant Bess et Marion à sa suite, Alice décida de téléphoner d'urgence à son père. Elle lui expliqua rapidement ce qu'elle savait et le pria d'entrer en contact avec M. Trenton. Celui-ci devait prendre des mesures pour sauver *in extremis* son honneur, avant qu'il ne fût trop tard.

« Je suis sûre, ajouta Alice, que M. Joslin a été son mauvais génie. Que M. Trenton ne compte pas sur lui pour le tirer d'affaire. M. Joslin est impliqué dans un vol de bijoux. Je crois pouvoir bientôt en fournir la preuve. En attendant, nous savons tous deux qu'il est malhonnête.

— Je vais faire l'impossible pour sauver Trenton, Alice! » promit l'avocat avant de raccrocher.

De retour chez Mme Purdy, Bess demanda à Alice :

« Pourquoi laisser plus longtemps courir des escrocs comme Joslin et Lopès? Dénonce-les à la police. Comme preuve contre Lopès, tu n'as qu'à parler du bracelet de diamants qu'il a mis dans ta malle!

— Tu parais oublier qu'il s'agit justement de *ma* malle! fit remarquer Alice. Lopès pourrait arguer que le bijou était en ma possession avant qu'il n'ait eu le bagage en main. Non! Je ne peux pas encore faire appel à la police. Mais j'ai un autre plan... »

Sans rien expliquer de plus à ses amies intriguées, la jeune détective traîna la malle d'Arabella dans une chambre à coucher vide qui communiquait avec celle occupée par les jeunes filles. Elle en laissa la porte ouverte et se garda de fermer les fenêtres.

« Tu veux qu'on nous vole, ma parole! s'écria Marion, suffoquée.

— Hé, hé! Pourquoi pas? Attends donc et tu verras! »

Alice se réjouissait que Bella quittât Buenos Aires au moment précis où son beau-père se trouvait impliqué dans une affaire louche. Du moins elle-même n'y serait pas mêlée!

Tôt ou tard, évidemment, il faudrait bien lui révéler la vérité, mais en attendant, ses vacances ne seraient pas gâchées!

Durant toute la soirée, Alice vécut sur les nerfs. C'est en vain qu'elle tenta de lire. Vers dix heures, quand les membres de la maison parlèrent d'aller se coucher pour rattraper leur nuit blanche, Alice se proposa pour vérifier la fermeture des portes.

Et délibérément, elle laissa la porte de derrière non verrouillée. Après quoi, elle monta dans sa chambre, d'un pas tranquille.

Bien plus tard, quand tout le monde fut endormi dans la maison, elle-même demeurait étendue dans l'ombre, bien éveillée. Elle ne quittait pas des yeux un rayon de lune qui jouait dans la pièce. Elle craignait tellement de sombrer, elle aussi, dans le sommeil! Qu'il lui arrivât de s'assoupir quelques minutes et tout son plan risquait de tomber à l'eau!

Les heures s'écoulaient lentement. En bas, dans le hall, une horloge sonna deux coups. Puis l'oreille d'Alice capta un autre son : des pas prudents glissaient sur le dallage du patio!

La jeune détective resta immobile lorsque la porte de sa chambre s'ouvrit avec un léger grincement. Le bruit cessa, reprit. La porte s'ouvrit plus encore. Deux ombres se faufilèrent dans la pièce. La lumière d'une lampe de poche éclaira, l'espace d'une seconde, le visage d'Alice qui feignait de dormir comme ses compagnes. Puis les deux visiteurs nocturnes franchirent le seuil de la chambre voisine où se trouvait la malle de Bella.

CHAPITRE XXIV

PÉRIPÉTIES

ALICE se laissa couler à bas de son lit. Elle réveilla sans bruit Bess et Marion et leur confia dans un souffle :

« Deux hommes essaient de s'emparer de la malle de Bella. Nous allons les prendre la main dans le sac! »

Sur la pointe des pieds, les trois amies se dirigèrent vers la pièce voisine. Juste au moment où les voleurs, chargés de la malle, allaient en franchir le seuil, Alice donna le signal de l'attaque. D'un même élan, les jeunes filles se précipitèrent sur les cambrioleurs surpris.

« Au secours! Au secours! cria Bess tandis que l'un des deux hommes l'envoyait promener d'un revers de main. A l'aide! »

Hélas! Les gaillards étaient plus forts que ne l'avait imaginé Alice. Bess et Marion se retrouvèrent vite étalées sur le parquet. Seule Alice resta agrippée à sa proie. Elle se laissa traîner ainsi sur quelques mètres, puis elle dut renoncer.

Les cambrioleurs s'empressèrent de filer. Les jeunes filles se relevèrent, coururent après eux. En vain! Quand elles atteignirent la porte d'entrée, elles ne virent plus personne.

« Nous avons du moins sauvé la malle de Bella », fit remarquer Bess en frottant son épaule meurtrie.

Mais Alice se désolait d'avoir permis aux malfaiteurs de s'échapper... Maintenant toute la maisonnée était en émoi. Des lumières s'allumaient un peu partout. Manuela criait. Mme Purdy réclama des explications. Alice, qui avait laissé les portes ouvertes en espérant attirer les bandits dans un piège, prit tout le blâme sur elle : elle avait agi trop à la légère!

Mme Purdy assez mécontente téléphona à la police : on promit de lui envoyer des inspecteurs le lendemain matin, à la première heure. Alice s'en voulait d'avoir troublé par sa faute son excellente hôtesse. Elle n'avait même pas pu identifier les deux cambrioleurs qu'elle soupçonnait cependant d'être en rapport avec la firme « Halifax et Lopès ».

Avant même l'arrivée des policiers, Alice eut la surprise d'être appelée au téléphone par son père. M. Roy lui annonçait que Joslin venait d'être arrêté pour escroquerie.

« M. Trenton et la firme Halifax et Lopès sont-ils impliqués dans l'affaire? demanda Alice, à la fois ravie et inquiète.

— Non. Joslin refuse de nommer ses complices. Mais tu devrais rechercher des preuves contre Halifax et Lopès et essayer de les faire arrêter, Alice. Dis à la police ce que tu sais contre eux! »

Alice promit qu'elle ferait de son mieux. Son père raccrocha avant qu'elle ait eu le temps de lui parler des événements de la nuit précédente. Peu après neuf heures, deux inspecteurs arrivèrent. Ils examinèrent la malle de Bella, et posèrent quelques questions. C'est alors qu'Alice leur confia ce qu'elle savait sur les voleurs de malle : MM. Halifax et Lopès étaient sans aucun doute les instigateurs du cambriolage et du vol de sa propre malle.

Comme les policiers déclaraient qu'ils ne pouvaient arrêter personne sans preuve, Alice se jeta à l'eau : elle mentionna la malle qui se trouvait à l'hôtel Imperio, et le bracelet caché dedans!

« Je suis certaine qu'il s'agit d'un bijou volé », précisa-t-elle quand, suivant sa suggestion, les inspecteurs l'eurent suivie à l'hôtel Imperio où on leur ouvrit sans difficulté la porte de l'appartement de Lopès.

« Voici la malle qui m'a été dérobée, déclara-t-elle en désignant le bagage à ses compagnons.

— Et le bracelet?

— Je suppose qu'il a été caché dans la malle par quelqu'un de la bande Halifax et Lopès. »

Avant de monter à l'étage, les policiers s'étaient assurés auprès de l'employé de la réception que M. Lopès n'était toujours pas rentré de voyage.

Bess et Marion, qui avaient tenu à accompagner

le groupe, se rapprochèrent. Bess suggéra aux policiers :

« Peut-être ce bracelet figure-t-il sur une liste d'objets volés! Vous devriez contrôler!

— Nous connaissons notre métier! répliqua un peu aigrement l'un des inspecteurs. En effet, ce bijou est recherché.

— Ce qui prouve que Halifax et Lopès sont bien des voleurs! s'écria Alice. Pourquoi ne lancez-vous pas un mandat d'arrêt contre eux?

— Votre histoire est sujette à caution, fit remarquer l'un des hommes. Nous ne savons rien de vous, sinon que vous êtes une touriste américaine. Après tout, c'est dans *votre* bagage que le bracelet a été retrouvé!

— Vous n'avez pas le droit de soupçonner Alice! s'écria Bess outrée.

— Si je n'étais pas de bonne foi, déclara Alice avec calme, je ne vous aurais pas conduits jusqu'ici. Au reste, je suis honorablement connue à River City où mon père est avocat. Les autorités de là-bas vous répondront de moi.

— Et n'importe qui vous vantera aussi les qualités de notre amie en tant que détective! ajouta Marion avec véhémence. Ce n'est pas la première énigme policière qu'elle résoud! »

Mais les policiers n'en étaient pas mieux disposés à entrer en action contre des hommes aussi connus que MM. Halifax et Lopès.

« Leur maison a une bonne renommée, expliquèrent-ils. Nous devons agir avec prudence. Il nous faut d'autres preuves de leur culpabilité pour les arrêter.

— Et pendant ce temps, ils risquent de filer! soupira Alice, désolée.

— Viens, partons! dit Marion, furieuse.

— Attends un peu! » répliqua brusquement Alice. Et, se tournant vers les inspecteurs : « Si vous trouviez tout un lot de bijoux volés, accorderiez-vous un plus grand crédit à mon histoire?

— Peut-être, mais ces bijoux..., vous pouvez vraiment nous les montrer?

— Je crois que oui.

— Et où seraient-ils cachés?

— Dans l'autre malle : celle que nos cambrioleurs ont tenté d'emporter la nuit dernière.

— Mais nous avons fouillé partout nous-mêmes sans rien trouver! » rappela Bess timidement.

Alice sourit.

« Je viens d'avoir une nouvelle idée! déclara-t-elle. Suivez-moi, messieurs, et je vous montrerai la cachette des bijoux! »

CHAPITRE XXV

LE SECRET DE LA MALLE

La petite troupe revint à la villa de Mme Purdy. Bess et Marion, intriguées, se demandaient dans quelle partie de la malle de Bella les bijoux pouvaient être dissimulés. Il n'existait pas de double fond, elles en étaient sûres.

Sitôt arrivée, Alice emprunta à Manuela un ciseau à froid et un marteau. Puis elle s'agenouilla devant la malle mystérieuse et commença à attaquer les cercles de cuivre.

« Laissez-moi faire, miss, dit l'un des policiers en lui prenant les outils des mains. Je vois où vous voulez en venir. »

Il travailla rapidement, mais, une fois les deux garnitures de cuivre détachées, il ne trouva rien dessous.

« Essayez les initiales... A. R.! » suggéra Alice sans se décourager.

Le policier glissa son ciseau sous le A. et fit sauter la lettre. Cette fois, plusieurs petits objets ronds roulèrent sur le sol.

« Des perles! s'écria Bess en se baissant pour les ramasser.

— Et merveilleusement assorties, fit remarquer l'un des inspecteurs. Elles proviennent sans doute d'un collier. »

Là-dessus les deux hommes détachèrent l'autre initiale, puis les garnitures des poignées et des serrures. Ils trouvèrent ainsi des bagues de diamants, des pierres précieuses desserties, d'autres perles et un bracelet que les jeunes filles reconnurent au premier coup d'œil.

« C'est celui qui a été volé dans la bijouterie de New York! s'écria Marion. Voilà qui prouve la culpabilité de M. Joslin. C'est lui qui a offert cette malle à Arabella.

— Etes-vous satisfaits? demanda Alice aux policiers. Allez-vous arrêter maintenant Halifax et Lopès?

— Oui... nous allons les faire rechercher. Mais êtes-vous sûre qu'ils travaillent la main dans la main avec Joslin?

— De ce côté-là, mon père vous fournira bientôt toutes les preuves nécessaires. La bande voulait récupérer la malle truffée de bijoux de la belle-fille de Joslin. Si vous ne vous hâtez pas de mettre la main sur Halifax et Lopès, ils quitteront le pays, c'est certain, dès qu'ils apprendront l'arrestation de leur complice américain!

— Vous nous avez convaincus, mademoiselle. Nous allons nous occuper d'eux! »

Les policiers tinrent parole : avant la fin de la journée, M. Halifax et son associé se retrouvèrent sous les verrous. M. Roy, joint par téléphone, eut tôt fait de fournir aux autorités sud-américaines la preuve de leur culpabilité : les deux hommes travaillaient avec Joslin!

Alice connut tous les détails de l'affaire par une lettre que son père lui adressa par avion. Le beau-père d'Arabella avait signé une confession dans laquelle il reconnaissait sa participation dans les vols de bijoux et dénonçait Halifax et Lopès comme étant ses complices. Il avouait être le cerveau d'une bande internationale qui exploitait des maisons de commerce aussi bien que des particuliers. Quantité de joyaux avaient été volés ou acquis à bas prix, pour être revendus aux U.S.A. avec de gros bénéfices ou écoulés à l'étranger, après y avoir été introduits en fraude.

Alice apprit encore que Joslin était entré en contact avec des fabriques de bagages qu'il savait dans une situation financière délicate : il dépannait les propriétaires, gagnait leur confiance, puis les poussait à commettre des irrégularités. Ensuite, ayant barre sur eux, il les faisait chanter et les obligeait à travailler pour lui.

Tout cela n'était pas pour étonner Alice qui s'en doutait déjà.

« Est-ce ainsi que Joslin s'est servi de la firme Trenton et Willard? demanda Bess à son amie.

— Oui. Il a commandé au père de Doris plusieurs malles cerclées de cuivre et pourvues d'ornements pouvant servir de cachettes. C'est là qu'il comptait dissimuler les bijoux volés. A ce que dit papa, Joslin n'a jamais réglé cette commande.

— Quelle chance pour M. Trenton! s'écria Marion. Il pourra prouver n'avoir jamais reçu un sou de ce misérable. Tout de même, il aurait dû comprendre qu'il s'engageait sur une mauvaise voie.

— Il devait bien se rendre compte du risque qu'il courait, répondit Alice. C'est pour cela qu'il insistait tellement pour tenir Henry Willard à l'écart de cette affaire.

— Que va-t-il lui arriver? Crois-tu qu'on l'arrêtera comme comparse de Joslin?

— Papa espère pouvoir lui éviter le déshonneur. Une chose plaide en sa faveur : il n'a fabriqué qu'une seule malle pour le beau-père d'Arabella, sur tout le lot commandé.

— Et c'était précisément la malle de Bella!

— Oui. Une copie de la mienne, entre parenthèses. Joslin désirait expérimenter cette malle-échantillon avant la série des autres.

— Quelle faute il a commise en faisant mettre dessus les mêmes initiales que sur la tienne!

— Ce fut un pur hasard! affirma Alice en souriant. Si Bella avait porté le nom de son beau-père, je ne serais jamais allée mettre mon nez dans cette affaire!

— Mme Joslin va-t-elle être condamnée, elle aussi? s'enquit Bess.

— Je pense que non. Elle n'a fait qu'obéir aux ordres de son mari. Le premier de ces ordres était de m'empêcher de faire cette croisière! C'est également son mari qui voulait la forcer à voler dans les bijouteries. Papa me donne aussi des nouvelles de Henry Willard. Henry s'est rendu compte que son sentiment pour Arabella n'était qu'une toquade. Il est bien content d'avoir suivi mes conseils et de ne pas s'être déclaré avant son départ.

— Il te doit une fière chandelle! fit remarquer Marion. De toute manière, Arabella ne pouvait pas lui convenir. Elle est d'ailleurs beaucoup trop jeune pour songer au mariage! »

Quelque temps plus tard, Alice et ses amies apprirent que, grâce à Henry et à M. Roy, la firme Trenton et Willard échappait au déshonneur et à la faillite. A présent qu'il avait frôlé de près la catastrophe, le jeune Willard prenait goût aux affaires et s'intéressait à la bonne marche de la maison. Mûri par l'expérience, il s'était mis au travail avec ardeur. Sa nouvelle prise de position lui conquit les bonnes grâces de Doris qui, finalement, accepta de l'épouser.

Alice, Bess et Marion se réjouirent de ce dénouement. Elles s'inquiétaient par ailleurs de l'avenir d'Arabella. Celle-ci ne savait encore rien de la malhonnêteté de son beau-père. Elle serait certainement bouleversée quand elle apprendrait la vérité. En attendant, mieux valait qu'elle profitât jusqu'au bout de ses vacances.

« Ensuite, promit Mme Purdy, je ferai mon possible pour l'aider. Je resterai à Buenos Aires jusqu'à ce qu'elle ait retrouvé son équilibre. Elle possède quelques revenus qui lui viennent de son père. Avec cela, sa mère m'autorisera certainement à l'envoyer dans une bonne école d'Amérique du Sud. Mieux vaut qu'elle ne rentre pas de sitôt aux Etats-Unis. Laissons à cette déplaisante affaire le temps de se tasser! »

Le proche avenir d'Arabella étant ainsi fixé grâce à l'excellente Mme Purdy, Alice et ses amies songèrent enfin à s'amuser sans plus se faire de souci. Leurs vacances étaient encore loin d'être terminées!

Alice, heureuse d'être rentrée en possession de sa malle que la police lui avait renvoyée de l'hôtel Imperio, ne se lassait pas de changer de toilette.

« C'est tellement agréable de posséder de nouveau une série de robes à la mode! Si je n'avais pas été si près de perdre mes affaires, je crois que je ne les aurais jamais autant appréciées!

— Nous allons enfin pouvoir visiter paisiblement l'Amérique du Sud! déclara Bess avec un sourire béat.

— Paisiblement! répéta Alice. Veux-tu savoir ce que j'ai promis à Sarah, la veille de mon départ? De lui rapporter une malle — ma fameuse malle! — pleine de mystères à débrouiller.

— Bah! dit Marion. C'était pour la taquiner!

— Crois-tu? » murmura Alice.

Et, sans pouvoir s'en empêcher, elle sourit malicieusement en direction de la malle, la fameuse malle cerclée de cuivre... qui lui avait valu de vivre tant de péripéties!

TABLE

IMPRIMÉ EN FRANCE PAR BRODARD ET TAUPIN
7, bd Romain-Rolland - Montrouge.
Usine de La Flèche, le 05-05-1981.
1581-5 - Dépôt légal n° 2899, 2e trimestre 1981.
20 - 01 - 5650 - 03 ISBN : 2 - 01 - 004759 - 1
Loi n° 49-956 du 16 juillet 1949 sur les publications
destinées à la jeunesse. Dépôt : avril 1978.

JEUNES FILLES EN BLANC

Suzanne PAIRAULT

Déjà parus :

CATHERINE INFIRMIÈRE
DORA GARDE UN SECRET
LA FILLE D'UN GRAND PATRON
L'INCONNU DU CAIRE
INFIRMIÈRE A BORD
LE LIT N° 13
LE MALADE AUTORITAIRE
MISSION VERS L'INCONNU
LE POIDS D'UN SECRET
LA REVANCHE DE MARIANNE
LA SALLE DES URGENCES
LE SECRET DE L'AMBULANCE
SYLVIE ET L'HOMME DE L'OMBRE
L'INFIRMIÈRE MÈNE L'ENQUÊTE
INTRIGUES DANS LA BROUSSE
LA PROMESSE DE FRANCINE
LE FANTÔME DE LIGEAC

LE PETIT MANUEL DU DÉTECTIVE

Détective : un métier difficile, parfois dangereux, mais tellement passionnant! N'avez-vous jamais rêvé de reconstituer habilement toute une affaire à partir de quelques petits indices?

Ce livre vous invite à mener l'enquête à la manière d'un détective. Il vous explique par exemple comment étudier les empreintes, analyser les écritures ou transformer votre aspect. Il vous propose des idées et des astuces qui se révéleront utiles et amusantes en de multiples occasions.

Vous y trouverez aussi des jeux et des énigmes à résoudre pour vous entraîner, ainsi que de nombreuses histoires... de détectives! Bonne enquête!

HACHETTE

LE PETIT MANUEL DE L'AGENT SECRET

Cet ouvrage vous fera connaître quelques-uns
des « trucs », ruses et stratagèmes qui sont le lot
de l'Agent Secret. Vous apprendrez
à jongler avec des codes qui vous permettront
en vous amusant d'échanger avec vos amis
des messages ultra-confidentiels.
Comme lui, vous apprendrez à vous déguiser,
à vous grimer, à déceler les ruses
d'une bande rivale, à contrecarrer ses projets.
En bonne compagnie, apprêtez-vous à vivre
de passionnantes péripéties enrobées de mystère.
Et maintenant... A vos codes!

HACHETTE

LARRY J. BASH

- Comment je suis devenu détective privé
- Comment j'ai mené ma première enquête
- Comment j'ai été l'otage d'un tueur
- Comment j'ai enquêté sur un assassinat
- Comment j'ai déterré un témoin capital